NÃO É PALCO, É ALTAR

MANO RECO

NÃO É PALCO, É ALTAR

O TESTEMUNHO IMPACTANTE DO EX-VOCALISTA DO DETENTOS DO RAP

SÃO PAULO, 2016

Não é palco, é altar
Copyright © 2016 by Denison Vertelo
Copyright © 2016 by Editora Ágape Ltda.

COORDENAÇÃO EDITORIAL
Rebeca Lacerda

COPIDESQUE
Lindsay Gois
Rebeca Lacerda

REVISÃO
Fernanda Guerriero Antunes
Patrícia Murari

COORDENADOR EDITORIAL
Vitor Donofio

EDITORIAL
Giovanna Petrólio
João Paulo Putini
Nair Ferraz
Rebeca Lacerda

ARTE DE CAPA
João Paulo Putini

FOTOGRAFIA
Studio Bianca Machado

PROJETO GRÁFICO
Rebeca Lacerda

AQUISIÇÕES
Acácio Reis
Rebeca Lacerda
Renata Mello

Texto de acordo com as normas do Novo Acordo Ortográfico da Língua Portuguesa (1990), em vigor desde 1º de janeiro de 2009.

Dados Internacionais de Catalogação na Publicação (CIP)

Reco, Mano
Não é palco. é altar / Mano Reco. -- Barueri, SP: Editora Ágape, 2016.

1. Mano Reco, 1979 - Autobiografia 2. Testemunhos
3. Conduta – Mudança 4. Vida cristã I. Título.

16-0741   CDD-927

Índice para catálogo sistemático:
1. Músicos de rap – Brasil - Autobiografia   927

EDITORA ÁGAPE LTDA.
Alameda Araguaia, 2190 – Bloco A – 11º andar – Conjunto 1112
CEP 06455-000 – Alphaville Industrial, Barueri – SP – Brasil
Tel.: (11) 3699-7107 | Fax: (11) 3699-7323
www.editoraagape.com.br | atendimento@agape.com.br

OFEREÇO ESTE LIVRO ao meu pastor, "paistor" e amigo, Dr. Leonardo Mota (te amo), que dedicou anos a me ensinar e acreditar em minha mudança, ministrando em minha vida; à pastora Célia Mota, que chorou e riu ao meu lado; ao pastor Dr. Elias e à pastora Roose Carvalho, que darão continuidade à ministração em minha vida.

A todos que acreditam na mudança de pessoas como o **"TAL DO MANO RECO"**, e à igreja que acolheu a mim e à minha família: Comunidade Cristã Amor e Fé, onde congrego.

A TODOS OS FÃS que sabem quem sou. Que Deus, que estendeu Seu amor a nós através de Seu Filho, Jesus Cristo – que nos deu a Graça, que morreu, mas ressuscitou ao terceiro dia, tendo que voltar ao Pai, pra que outro viesse, sendo que esse outro já está entre nós, o Espírito Santo que nos consola e nos convence do erro –, esteja com vocês não só nesta leitura, mas pra todo o sempre! Que assim seja.

AGRADEÇO à minha esposa e aos meus filhos por estarem sempre comigo, como incentivadores na continuidade da minha carreira cristã.

À minha mãe, por todas as orações e verdades faladas, sem duvidar da minha transformação. Ao meu pai e herói, pelo exemplo (ainda que eu tenha demorado para enxergá-lo).

Ao casal amigo, Marcos e Dany Mota, por todos os dias me mostrar quem eu sou; aos meus irmãos Dorivan e Dolores Vertelo; aos meus amigos mais chegados (que sabem quem são); ao Cesar, pelo apoio total neste livro.

Ao Dey, meu líder e exemplo (evangelista nato); ao pastor Júlio e à pastora Patrícia (Catanduva), pela confiança e amizade dedicada a um ex-lixo que sou eu.

Ao pastor Jailson Santos, mantenedor do meu ministério; ao Max, só por existir e ser verdade no Evangelho.

Ao evangelista Israel Damásio de Oliveira e ao pastor Jozelito, por plantarem a semente do Evangelho em meu coração e ao ministério Salum, pois sem vocês eu não estaria finalizando este trabalho.

Um agradecimento especial à Rubenita Ferreira, por acreditar no meu sonho e por, sem me conhecer, ter aberto a porta de sua casa. Existem, sim, pessoas de verdade neste tempo, e você é uma delas!

À equipe da Editora Ágape e do Grupo Editorial Novo Século, agradeço por esta oportunidade e sejam bem-vindos à minha vida! E, Rebeca, sem palavras...

APRESENTAÇÃO
PR. LEONARDO MOTA

HÁ CERTAS COISAS que acontecem em nossas vidas que nos marcam. Conhecer o Mano Reco foi algo que marcou a minha vida. Eu era um pastor que apostava muito no evangelismo das ruas – como, aliás, acontece até os dias atuais – e, em uma dessas ações de evangelismo, meu genro me apresentou o Mano Reco

Mano Reco começou a frequentar a nossa igreja e então passamos a conviver mais. Havia, por minha parte, uma certa desconfiança, em parte pela maneira como ele se vestia, como falava etc., e também porque ele continuava cantando, no Detentos do Rap, músicas que sempre faziam apologia ao crime e incitavam a violência.

Com o passar do tempo, comecei a notar que ele ia ficando mais focado no chamado de Deus e se distanciando do velho mundo. Parou de cantar com os Detentos e passou a se dedicar mais aos eventos cristãos.

Dia após dia, o Mano Reco ia ficando "mais crente", e os estudos, a participação nos cultos e a dedicação à família foi fazendo parte do seu cotidiano.

Assim, Mano Reco foi sendo transformado e aquela desconfiança que havia no princípio converteu-se em admiração e respeito por sua dedicação e seu trabalho realizado na casa de Deus.

Começamos a andar juntos e então eu passei a me inteirar da vida que ele teve no passado recente com os Detentos do Rap e outros trabalhos artísticos. E, para trazê-lo para mais perto, montamos um estúdio de gravação, onde passávamos praticamente o dia lado a lado, pois o local era vizinho da minha sala. Daquele estúdio saíram boas coisas, graças a Deus, e a amizade foi só aumentando.

Certa feita, ele me contou que a sua música estava concorrendo ao prêmio Cufa Brasil, e a grande final era no Rio de Janeiro, no Canecão (casa de shows). Ele não tinha intenção de ir e eu o incentivei, inclusive acompanhando-o. Nessa viagem, como ele mesmo testifica, conversamos bastante, e ele pôde trazer boas ideias para sua vida ministerial e familiar. Ah! Ele não gosta que eu fale, mas, como ele nunca tinha viajado de avião, foi segurando a minha mão durante o voo inteiro (hahaha).

Temos muitas histórias boas para compartilhar, muitos eventos, "muitas ideias", como diz ele. Para mim, é uma alegria poder compartilhar este trabalho, que traz parte da sua biografia. Sei parte da sua história, conheço sua família e o potencial do Mano Reco. Tenho consciência de que em um livro não será possível você conhecê-lo muito, mas vai dar para saber um pouco da carreira e do chamado desse servo de Deus e evangelista, Denison Vertelo, o Mano Reco.

Peço que receba com carinho este trabalho e tenha certeza de que, quando tiver oportunidade de conhecê-lo, você estará próximo de alguém que tem um chamado especial para falar do amor de Deus.

PR. LEONARDO MOTA
COMUNIDADE CRISTÃ AMOR E FÉ

PREFÁCIO
TON CARFI

REGRESSANDO eu de mais uma de minhas viagens ministeriais, indo da cidade de Manaus para São Paulo, após ter cumprido uma agenda em uma determinada igreja, entrei no avião, sentei em uma poltrona e percebi que ao meu lado havia um jovem um tanto inquieto. Logo comecei a conversar com ele sobre temas do cotidiano como futebol, política etc., na expectativa de finalizar falando do nome de JESUS.

No meio de nossa conversa, ele começou a falar de seus problemas familiares. Alguns dos seus estavam seriamente envolvidos com drogas e criminalidade. De forma sutil perguntei a ele, então, se acreditaria que pudesse ser ele mesmo o agente transformador de sua família. Ele sorriu e, empolgado, disse que sim. Eu comecei a falar do amor de Deus ao rapaz e descobri que ele se encontrava afastado dos caminhos do Senhor. Como servo de Deus que vive o amor de Cristo, não quis subjugá-lo pela sua momentânea falta de fé no Senhor. Me coloquei no lugar dele, dizendo que também sou pecador e necessito da graça de Deus. Foi assim que consegui ainda mais a atenção do jovem.

Eu disse pra ele que, por meio de sua vida e testemunho, seus primos poderiam abandonar a vida do crime, entregando-se de corpo e alma para Jesus. Ele ficou pensativo por um momento, remoendo aquela informação que acabara de receber. Depois se mostrou otimista, acreditando que realmente poderia ajudar a sua família a sair daquela situação. Desci do avião e nunca mais vi aquele garoto, mas creio que a semente fora plantada em seu coração.

Estou contando esse fato pra dizer que, como um evangelista que sou, não posso pregar somente quando sou convidado ou "contratado" (cantando) por alguma igreja (fazendo shows, eventos). Vejo muito isso na vida do Mano Reco. Ele está sempre disposto a cumprir o IDE que Jesus ordenou. Seu ministério é diretamente ligado ao resgate de pessoas como esse garoto do avião com quem conversei. Usuários de drogas, pessoas envolvidas no crime são facilmente atraídos pelo ministério de Deus na vida do Mano Reco. Homem de caráter que abandonou uma vida de sucesso no mundo para se dedicar integralmente à obra do nosso Senhor e Salvador Jesus Cristo!

TON CARFI

SUMÁRIO

- NINGUÉM NASCE BANDIDO 17
- TODA HISTÓRIA TEM UM COMEÇO 21
- DETENTOS DO RAP 37
- BASTIDORES DO RAP 45
- SHOWS 52
- HISTÓRIAS QUE VI, OUVI E VIVI 59
- RITMO DA CADEIA 66
- ELE É SÓ A MATRÍCULA... 69
- SÓ MAIS ALGUNS 74
- QUEM NÃO É VISTO NÃO É LEMBRADO 81
- DEUS QUEBRA E TRABALHA DO JEITO DELE 96
- AMOR NÃO É SÓ DE MÃE 115
- XEQUE-MATE 125
- LIMPANDO A TERRA 131
- SÓ MAIS UM QUE DEU CERTO 147
- GLOSSÁRIO 156

NINGUÉM NASCE BANDIDO

O CENÁRIO ERA a Praia Balneário Oásis, em Peruíbe. Estava descansando de palestras e eventos, sentado num quiosque chamado Brisa. Meu afilhado chegou em mim com um saco cheio de pipas e dois carretéis de linha, e disse: "E aí, padrinho, você gosta?".

Meu sorriso respondeu à pergunta dele. Logo me levantei, enrolei os carretéis em uma lata, fiz o **estirante**, amarrei a rabiola e, depressa, coloquei "o pipa" no alto. Em seguida, um molequinho gritou de longe, com uma voz bem fina: "**Manda busca!**".

Essa cena foi o suficiente pra eu assistir ao filme da minha vida. Isso me lembrou de muitas coisas, como minha infância, minha família, meu tempo de escola e a carência que eu sentia; os amores que tive e o que eu valorizava. Lembrei do meu tempo de rap e crime, e cheguei à conclusão de que **NINGUÉM NASCE BANDIDO. NINGUÉM!**

Tenho a intenção, ao escrever minha história, de alcançar corações de pedra, fazendo essa gente perceber que existe, sim, uma saída. Por mais que você erre, existe um Deus que se fez homem pra entender o que sentimos. Não dá pra voltar ao passado e começar de novo, mas dá pra começar a partir do agora. Sou mais um que deu certo na periferia, e, se você quiser de verdade, pode, sim, ter uma mudança de vida.

Só me converti de verdade quando descobri que a morte não é o fim, e sim o começo. O problema não é morrer, a grande questão é pra onde vamos...

TODA HISTÓRIA TEM UM COMEÇO

CORRERIA E APERTO num Fusca do ano de 1969, numa época em que só tinha asfalto em algumas avenidas das **quebradas** de São Paulo, num tempo em que brigas de adolescentes eram resolvidas no braço, em que pessoas conseguiam ainda ver o céu na cor real (sem tantos prédios e tanta fumaça preta), no tempo em que o Capão Redondo não era visto como uma fábrica de bandidos...

O destino era o hospital; eles estavam sentindo felicidade e medo ao mesmo tempo: iria nascer o caçula da família Vertelo. Estavam felizes porque algo dizia para a mãe que estava pra chegar ao mundo a alegria da casa. Só que também estavam com medo, porque a mãe já tinha passado por vários abortos espontâneos. Ela, uma guerreira que veio de Minas Gerais com o marido viver um sonho chamado São Paulo. Era faxineira e o marido, corretor. Já tinham tentado ter filhos por quatro vezes antes de conseguirem a primeira filha, Dolores – nome que homenageou a avó paterna da menina. Depois de Dolores, veio o Dorivan, segundo filho do casal. E, apenas depois de mais dez anos, ali estava a guerreira, com dores, e muito mais cansada do que nos outros partos, pois agora tinha mais idade, complicações de outros partos e lembranças terríveis de perdas.

Era o ano de 1979, no dia 15 de outubro. A criança estava pra nascer antes do esperado. Hospital Flaming, horas de espera, dores, espera, dores, espera: nasceu Denison Vertelo, hoje conhecido como Mano Reco. Segundo minha mãe, eu era um chorão gordo e muito manhoso; segundo os médicos, eu fui um milagre. Sou o caçula da casa, xodó do meu pai.

EM ALGUMAS HORAS RUINS DA MINHA VIDA, ANTES DE EU ME ENCONTRAR, EU PENSAVA COMO NUMA FRASE QUE EU LI AQUI NA MINHA QUEBRADA: "SE EU SOUBESSE DISSO, TERIA ME ENFORCADO NO CORDÃO UMBILICAL".

MINHA INFÂNCIA FOI DE REI, estava dando tudo certo pra minha família. Meu pai vendia terrenos e casas numa época em que o Capão ainda estava sendo popularizado, e minha mãe trabalhava na casa de uma família japonesa muito rica. A gente morava no Jardim Atlântico, a um quilômetro de distância do que hoje é a estação de metrô Capão Redondo. Meus irmãos cresceram jogando vôlei na rua, brincando de polícia e ladrão; foi uma época de ouro. Eles faziam festa junina com quadrilha e acendiam fogueiras, até se vestiam de caipira. Meus pais se divertiam jogando bingo no vizinho, sem maldade e sem falar mal uns dos outros.

Esse era um tempo em que se andava nas marginais Pinheiros e Tietê e se via pouquíssimos carros, um tempo em que a gente jogava bola na rua de terra fazendo dos chinelos as traves do golzinho. Existiam brigas, mas só por ter sido ou não gol; as desavenças ficavam só no futebol. Meu trabalho era acordar cedo e ir para a escola. Fiz o Pré numa escola chamada Mario Sette, que fica no Jardim Campo de Fora.

Tenho poucas lembranças dessa época: lembro que queria casar com a tia do Pré, da minha mãe me acordando cedo pra irmos a pé pra escolinha e também de um cara no rádio dizendo "Oiiii, genteeee!". Todo dia ele repetia esse jargão, era divertido – e tão marcante, que até me lembro como ele pronunciava. Eu tinha cabelo comprido e minha mãe o puxava pra penteá-lo; eu dizia que um dia eu iria descontar, pois quando ela ficasse velha eu puxaria o dela também (ela já é idosa, mas nunca fiz isso – ainda! –, risos).

Foi desse cabelão que nasceu meu apelido. Quando eu completei sete anos, minha mãe raspou minha cabeça, pois não aguentava mais as pessoas me enchendo o saco e me confundindo com uma menina. Quando o Flávio e o Nilton, uns amigos do meu irmão, me viram careca, puseram apelidos em mim – primeiro, me chamaram de Febem; depois, me chamaram de Camburão. Eu tinha gostado dos dois apelidos, até que um dia eles me chamaram de Reco. Na época, quem ia para o Exército raspava a cabeça, e era chamado de Reco. Desse apelido eu não gostei, até chorei. Apesar disso, o nome pegou, e até hoje sou chamado de Reco.

SEMPRE TIVE UM PAIZÃO: toda noite ele me colocava pra dormir, e na madrugada ia ver se eu estava coberto. Meu pai daria a vida por mim, nunca ouvi um não dele.

Já minha mãe era mais dura comigo; falava mais alto, me colocava de castigo, me pegava pelas orelhas quando eu aprontava na rua. Apesar disso, era doce e me dava amor com suas palavras e outras atitudes.

Lembro que quando eu tinha nove anos minha irmã se casou. Meu cunhado era DJ de uma equipe de som chamada Gamby Som ("gamby", de gambiarra). No dia do casamento, meu irmão, que fazia parte da equipe, não chegou no horário pra tocar a seleção de músicas. E, então, um dos integrantes me colocou na equipe pra eu soltar algumas músicas. A partir daquele dia, comecei a fazer festas como DJ da equipe – eu fazia a seleção de lambada. Foi nesse dia que começou minha paixão pela noite e por música – de lá pra cá, nunca fiquei mais de um mês sem sair à noite pra me apresentar.

Quando criança, nos três primeiros anos de escola, eu era um aluno dedicado: tirava notas boas, gostava de educação física e matemática, e não tinha problemas com professores ou com amigos.

Depois do quarto ano, eu já lutava por popularidade; pois queria ser bem-visto pelos alunos, e não mais pelos professores. Repeti duas vezes a terceira série; eu gostava de fazer as pessoas rirem e chamar a atenção das meninas. Nessa época, eu era mais tímido no que diz respeito a relacionamento com meninas – ensaiava no banheiro como eu iria fazer pra falar com algumas delas, naquela fase da vida em que a gente se apaixona toda semana por uma menina diferente.

Eu tinha uns nove ou dez anos e já saía muito pra dar som (assim era o termo usado pra função de DJ). Não imaginava que um dia eu contaria isso pra alguém, mas eu dançava lambada muito bem. Via meu cunhado fazendo **viradas** de músicas eletrônicas e queria ser igual a ele, pois era ele quem fazia a abertura das festas com luzes e era **underground**. Essa era a melhor hora das festas, eu gostava muito disso. Então comecei a me interessar por viradas no tempo, me apaixonei mesmo por música. O grupo chegou até a comprar um curso pra mim do DJ Iraí Campos, um dos melhores DJs da época. Mas eu aprendi regra de compasso na prática com meu cunhado, e às vezes ele deixava eu fazer algumas viradas nos bailes.

Certa vez, assistindo à MTV, vi um DJ chamado KL Jay, de um grupo de rap chamado Racionais MC's. Parecia que o KL Jay fazia as pickups mk2 falarem – ele fazia *scratchings* usando frases nacionais. Foi então que eu me apaixonei pelo rap nacional – eu ouvia o Mano Brown falar sobre um bairro perto de onde eu morava, falava de coisas que faziam parte da minha vida. Não tinha como eu não começar a amar o rap.

ENQUANTO ESSE MUNDO MÁGICO

acontecia em minha vida, coisas tristes aconteciam na minha quebrada: nessa época, o rio transbordava, cobrindo carros e casas, e acabando com móveis e roupas de pessoas humildes. O tráfico já existia na nossa vila, a maldade sondava os corações dos jovens, a polícia vinha na quebrada e matava a sangue-frio, as ruas de terra ficavam manchadas de sangue. Os **pé de pato** eram os que mais metiam medo – me lembro de quando ainda era menino e eles passavam num Opala preto; isso era o aviso pra que entrasse em casa quem era de família, pois não demorava muito para alguns corpos estarem no chão cobertos por jornal.

Eu, que na época de DJ vivia num mundo sem maldade, fazendo baile, indo pra escola, agora apaixonado por rap, vibrava quando ouvia os **manos** do rap falando das quebradas. Na escola, sempre tinha umas apresentações que valiam nota, e eu sempre fazia um sonzinho em dia de apresentações – ou seja, foi ali, na escola Coronel Luiz Tenório de Brito, o primeiro palco onde me apresentei como rapper, vestindo minha blusa de moletom, gorro e calça jeans, e calçando um Pump, lançamento da Reebok. Imagina o frio na barriga, misturado à vontade de me expressar e de mostrar o que eu pensava a respeito do mundo. Nessa época, surgiu meu primeiro grupo de rap, chamado Dupla Face da Verdade – eu cantava com um amigo que jogava basquete comigo, chamado André, ele tinha o apelido de Buchada. A primeira letra que escrevemos se chamava *Gritos do medo*. Por que será, né? Eu me lembro só um pouco da letra:

**"QUE FUTURO QUE TEMOS?
VIVER COM MEDO DA MORTE,
VIVER UM POUCO MAIS SE TIVER MUITA SORTE.
ASSASSINOS À SOLTA MATAM PESSOAS INOCENTES.
QUAL SERÁ O FUTURO, O DESTINO DESSA GENTE?
NA ESCURIDÃO, OUTRA MORTE SEM PERDÃO [...]"**

NESSE TEMPO, abríamos shows pra um grupo chamado Sabedoria de Rua. Eles faziam algumas apresentações em festivais e gravavam algumas coletâneas e discos de base instrumental. Para o meu grupo de rap, não rolou nada, mas dessa época tirei experiências que são úteis pra mim até hoje. Depois disso, continuei indo a festivais em bares como o Ti vira Chopp, em Moema. Como DJ, toquei em muitos grupos, e fui ficando mais experiente – o tempo foi passando e as oportunidades, aparecendo, e eu aproveitava pra me envolver em tudo o que me chamavam.

Tive a oportunidade de participar de grupos como o Moral Urbana e o Tribo da Lua – este eu chamava "Chaves" do Parque Regina. A mente dele sempre foi futurista, a levada dele no rap sempre foi inovadora; naquela época, já fazia o que alguns começaram a fazer agora: rimas futuristas, sem perder a pegada do rap de rua, da quebrada. Um dos melhores letristas de todos os tempos. Eu também ajudava vários grupos, abrindo o espaço da minha escolinha de DJ para ensaiarem, como o Estrutura Hip Hop – grupo do qual o DJ Culina, hoje DJ do Detentos do Rap, fazia parte – e o Estylo Girl's, que era composto por quatro meninas que rimavam muito bem e do qual fazia parte uma DJ para quem eu dava aula.

MAS MEU MUNDO DEIXOU de ser mágico quando percebi que tudo girava em torno do dinheiro; pra ter roupa boa, pra ser bem-visto e tudo o mais. Foi um tempo difícil, porque a escola já não me atraía, o basquete, de que sempre gostei, muito menos. Agora era tempo de conquistar, era tempo de mudar as coisas, de bater no peito e dizer "sou um homem".

Talvez esse tenha sido o meu erro, porque ali deixei de considerar meu pai como meu herói, já não o ouvia quando ele falava a respeito da escola e me dava bronca por causa de suspensões, já não o respeitava como pai. Passei a ter o traficante como referência, os caras que andavam armados e iam na porta da escola pra ver as minas. Percebi que existia certa facilidade pra quem andava com esses caras. Eu era muito novo e pouco me respeitavam na escola e onde eu morava.

Por conta da minha timidez, comecei a namorar quando já estava mais velho. Algumas meninas na escola ficavam sempre atrás de mim porque eu cantava e era diferente. Eu era apaixonado por uma menina chamada Jaqueline, mas quem gostava de mim era a Luana – coisa de adolescentes, quando parece que não vai existir o amanhã, quando tudo tem que ser agora. A Luana foi minha primeira namorada – namoro completo, se é que me entendem –, que morava no Parque Arariba, bairro próximo da minha quebrada, e era apaixonada por mim. Cheguei até a arrumar um emprego pra ela, de babá do meu sobrinho.

Falei sobre isso porque foi por causa desse relacionamento que conheci um povo com um conhecimento maior a respeito do crime, uns amigos que passaram pela minha vida e dos quais nunca vou me esquecer. Infelizmente alguns já faleceram, como o Kinha, o Aridez e seu irmão Júlio, e há outras pessoas que estão vivas, mas prefiro não citar os nomes.

Assim comecei minha carreira na porta da escola, quando chegava de carro com eles e andava com um **oitão** no bolso. Eu percebia que as pessoas me respeitavam só por estar com esses caras. E isso foi me incentivando a me envolver cada vez mais.

Nessa época, minha família se mudou do Capão; fomos morar no Jardim Ingá, perto da minha irmã, pois meu sobrinho tinha nascido havia pouco tempo. Lembro que pensei comigo: *Aqui vou ser zica, ninguém vai me zoar.* Enquanto no Capão os caras maiores tomavam *meus pipas* de mim, ali eu tomava pipa dos pivetes. Essa foi uma fase boa: quebrava as telhas das casas dos outros atrás de pipa, disparava de carrinho de rolimã a grande descida do Parque Regina, ia pro **bowl** da Vila das Belezas andar de bicicleta... É uma pena que isso tudo passou porque deixei escolhas erradas tomarem conta da minha vida.

Quando voltei ao Capão, já era mais esperto – já andava gingando e falando uns palavrões e já não tinha só uma namorada; comecei a sair com todo tipo de mulher. Eu já estava fazendo uns **rolês**; ia pro Sambarylove, pro ensaio da Vai-Vai com um irmão mais velho do Nil Black... Nessa época, minha vida ficou totalmente desregrada. E posso dizer que ainda hoje sofro as consequências do que fiz nessa fase da minha vida. Sinto muita culpa; é terrível pra mim, me arrependo muito e peço perdão pra aqueles que se aproximaram imaginando que eu era uma pessoa e na verdade era outra. Cada mentira que contei, cada coração que despedacei... Sei muito bem o preço que pago por isso, e Deus conhece o meu coração e sabe o quanto me arrependo.

QUANDO MAIS VELHO e experiente, achei no rap uma força pra falar das coisas que eu via – passei a me identificar com frases fortes porque estava vivendo o que as letras diziam. Então, abri uma escolinha de DJ chamada DJ's Atufa – comecei a sonhar com a fama e queria ser reconhecido pelas ideias que eu tinha. Pessoas de grupos iam ensaiar na minha escolinha – meu primeiro aluno foi o DJ

Culina. Vários manos se aproximaram, recebi diversas propostas pra tocar em grupos, mas meu alvo nesse tempo era o dinheiro.

Foi quando conheci um mano chamado Denis Monteiro, que tinha uma rádio comunitária na quebrada do Parque Santo Antônio; fizemos uma parceria e juntamos forças. Ela era uma das rádios mais ouvidas na Zona Sul – era a época em que o axé estava em alta.

Conheci, então, pessoas importantes pra mim: o Fabinho Louco, que hoje é meu filho na fé; o DJ Marquinhos, que é DJ do Facção Central; o Carlinhos Periferia Ponto C, um dos primeiros rappers do Capão Redondo; o A.I.C.E., mano que me ensinou a compor; o Ferréz, escritor do livro *Capão Pecado*; o Maurício DTS, que hoje é vocalista no Detentos do Rap. Fiz amizade com essa galera toda por causa da escolinha e da rádio. Também por conta da rádio, um projeto, no bairro Jardim Lídia, que cuidava de crianças e idosos.

Havia uma empresária chamada Vilma Leite, que fechava shows para o Detentos do Rap e outros grupos. Fechamos uma entrevista pro grupo na rádio e lá nos conhecemos. Então fui convidado pra tocar em um show que eles tinham marcado no centro da cidade. Aceitei o convite e foi muito bom – e, modéstia à parte, fui um excelente DJ pra eles. Foi quando rolou um convite dos manos pra eu fazer parte do Detentos do Rap, a princípio como DJ do grupo – pra mim, foi como ganhar na Mega-Sena. Se eu já era arrogante, passei a ser muito mais – menino novo, iludido com a fama, longe de ser um exemplo pra família, sempre querendo mostrar pra todos não o que eu era, mas o que eu parecia ser. E, sem referências boas, entrei de cabeça nessa nova vida.

REFERÊNCIA

CEGO é o melhor adjetivo para me definir. Como assim sem referência? Por que sem referência, se eu tinha um homem que estava pronto para dar a vida por mim? Eu não enxergava, mas tinha um cara que trabalhava fazendo de tudo, cujo melhor salário era poder estar perto de família em casa, e eu, cego, não o via.

Minha mãe sempre me conta das mil e tantas vezes que ele me olhava, enquanto eu dormia, para averiguar se eu estava bem. Conta das vezes que me pegava no colo e me chamava de rei da casa, e eu, agora, cego e dizendo que estava "sem referência". Queria eu melhor referência do que a de um homem comida? O que mais eu queria?

Será que a referência pra mim seria um pai que estivesse preso por matar ou roubar pra sustentar um vício?

Agora eu sei que o maior vício do meu pai era não conseguir passar mais de um dia longe de casa. E é assim até hoje.

Hoje passo horas ouvindo-o falar das burrices que eu fazia quando era pequeno. Ele me levava pra fazer pinturas nas construções em que trabalhava; tenho o maior prazer de ver a satisfação dele quando me vê de pé, firmado no Evangelho. Eu me sinto honrado de ter feito o convite (apelo) pra ele aceitar Jesus e ele ter aceitado através da minha vida. Minha pergunta pra ele foi: "Pai, você viu o que Deus fez com minha vida, me viu arrumar mais alguma treta aí na rua? Você me viu chegar em casa com mulheres diferentes? Viu o que Deus fez no meu casamento? Você quer aceitar esse Jesus que mudou a minha vida, pai?". E a resposta dele foi: "Quero".

Com minha esposa ao meu lado, oramos por ele, e hoje ele tem o nome no Livro da Vida! Tá mais forte do que eu... Esse foi um dos melhores cachês que recebi do Evangelho... Meu pai é meu herói.

DETENTOS DO RAP

UM GRUPO DE RAP se formou no Complexo Penitenciário do Carandiru em 1997 quando o DJ Iraí Campos teve a ideia de fazer uma coletânea com talentos que estavam detidos. Segundo Ronaldo Constantino, um dos integrantes da primeira formação do grupo, aquele tinha sido o último grupo a entregar uma fita e uma letra do Daniel Sancy chamada *Carandiru de Casa Cheia*. Entregaram para o Raul Gil, que fazia parte de alguns projetos de dentro do presídio, que, por sua vez, entregou o material para o Iraí Campos – este, quando ouviu a fita, teve a ideia de lançar o grupo, que foi nomeado pelo Daniel Sancy de Detentos do Rap.

O Detentos do Rap gravou o primeiro e o segundo CDs – chamados *Apologia ao crime* e *O pesadelo continua* – de dentro do Carandiru, em um estúdio móvel. Já o terceiro CD, chamado *Quebrando as algemas do preconceito*, foi feito numa gravadora distribuída pela Sony Music e já contou com a minha participação. Nesse tempo, conheci um empresário chamado Sandro Paulista, que fez uma forte divulgação, pois acreditava no projeto – pude ver minha voz batendo forte em todas as periferias do país. Então, com uma grande parte do grupo em liberdade, fizemos o primeiro DVD de rap nacional, com gravação ao vivo. Depois, lançamos um clipe de uma música chamada *Baseado em fatos reais* – uma das músicas mais pedidas da época. Na sequência, veio um CD chamado *Amor... Só de mãe, o resto é puro ódio*, e as coletâneas de que participamos, que foram mais de dez.

Essa foi uma época em que pessoas se identificavam com minhas músicas porque as letras falavam do que viviam. Sempre cantei o que vivo. Nesse tempo, ficou forte minha relação com o crime: pessoas agora ofereciam oportunidades de negócios. Então subi uma famosa escada de sangue, me afundando muito mais no crime. Conheci muitas pessoas de

"O CRIME CORRE

A LEI DO CRIME é levada mais a sério do que a lei do órgão constitucional, legislativo, judicial e, por incrível que pareça, até mesmo a religiosa, no sentido de valores e princípios hoje desrespeitados pela nova geração de supostos adoradores, sempre sem generalizar. Um exemplo é que muitos chegam ao trabalho faltando 10 minutos para o horário da entrada; no entanto não se tem a mesma prioridade no horário de um culto a Deus, talvez porque o salário é que está em risco. Ainda sem generalizar, quando é lançado um filme no verdade, que defendiam sua opinião com a própria vida, que acreditavam nas suas verdades, a ponto de dizer frases como:

"O CRIME É O QUE É, MAS NÃO ADMITE FALHAS. O CRIME CORRE PELO CERTO".

Vendo por escrito, parece até ironia, porém, do lado de dentro, eu entendia muito bem sobre o que quer dizer isso. Nessa eu já tinha minha própria **biqueira**, já não tinha mais brilho nos olhos ou o sonho de ser alguém reconhecido pela arte do rap. Mas o

PELO CERTO."

cinema, depois que inicia a sessão, você vê poucos ou quase ninguém indo ao banheiro ou à lanchonete pra comprar água, pipoca etc. Em um culto, não vê o mesmo respeito. Coisas assim me fazem pensar o tamanho do amor que algumas pessoas têm por Jesus, quando têm mais fidelidade e temor aos homens do que a Deus.

Quando aceitei Jesus e a Verdade do Evangelho, pude fazer uma análise que me deixou chocado: no crime a palavra vale ouro, chega a comprometer o caráter do homem que a deu e, quando mal expressada, crime é o crime, e o rap é o rap – são coisas diferentes. Porém, pra mim o dinheiro começou a ter muito mais importância do que o próprio rap. Muitas vezes cantei sobre paz, mas vivia uma guerra.

Arrumei muitos inimigos no rap, por ter sido muito arrogante em minhas palavras, por bater de frente com coisas e verdades que eu acreditava. Muitas pessoas do cenário do rap me viam como um cara muito pra frente, mas eu estava cego, era muito covarde, a ponto de não respeitar o espaço de ninguém. Nessa fase, onde eu morava, eu era o cara que sonhava ser, só não imaginava que com isso vinham muitas

mal colocada ou não cumprida, pode custar a própria vida. No crime é "sim, sim; não, não"; não se admitem erros, falta de comprometimento e o homem é sumamente fiel aos comparsas. Em questão de lealdade, aprendi que jamais deve-se acusar ou denunciar o culpado, mesmo que você esteja sendo acusado de um crime que não cometeu.

Nunca levei essa vida de brincadeira, não existia brincadeirinha nos negócios, não aceitava palavras mal colocadas ou olhar maldoso que poderia passar batido. Quando passava batido, jamais passava despercebido. Talvez por isso eu leve tão a sério hoje o Evangelho, porque pra mim é muito mais sério do que qualquer outra questão!

coisas de brinde, como guerras, pessoas querendo ter o que era meu, sempre dizendo que quem não é visto não é lembrado. Tinha confiança nos mais chegados, e, para o restante, minha confiança baseava-se em estar sempre armado. Vivia com a minha **cabeça a milhão** – eu não tinha paz. Minha vida se resumia a nunca sentar de costas para ninguém, nunca entrar em lugares com uma só saída, nunca ficar em lugares em que pessoas me olhassem – como conciliar isso tudo com uma vida de pessoa pública?

Certa vez, enquadrei um rapaz que estava me olhando. Gritei, com uma arma na mão: "Me conhece

JESUS NÃO AMALDIÇOOU a árvore porque ela não tinha frutos, Ele a amaldiçoou porque ela parecia ter frutos, mas quando ele foi buscar o fruto, ela não tinha frutos. Foi enganosa.

Assim está o Evangelho no século XXI: cheio de pessoas que parecem ser, mas não são, e repleto daquelas que não aparentam – nem pelas roupas nem pelas palavras –, mas estão carregadas de frutos, por estarem ligadas à Videira Verdadeira.

CUIDADO PARA NÃO EVANGELIZAR UM QUE AOS SEUS OLHOS É UM LOUCO, MAS ESTÁ MAIS CRENTE QUE VOCÊ, PASTOR.

da onde? Tá me olhando por quê?". Ele disse: "Sou seu fã, queria que assinasse minha camisa".

Foi difícil administrar minha vida nessa época; pra mim, todos estavam de maldade comigo. Foi um tempo em que muitos amigos de infância me abandonaram, em que vi minha mãe orando e pedindo pra Deus cuidar de mim, tratar comigo (que eu tivesse um encontro com Ele), mesmo que depois Ele me levasse embora. Um tempo em que não podia ver um carro na mesma direção que a minha, que eu já imaginava ser a polícia me seguindo. Esse foi o tempo em que eu deveria ter aproveitado minha família, mas só sabia magoá-la com palavras rancorosas. Eu vi muitos meninos com uma carreira promissora morrerem viciados em drogas; na verdade, por dez reais – quando muito, cem reais. Perdi muitos amigos de formas horríveis, e não pude fazer nada. Fiz coisas que tenho vontade de escrever aqui, mas não o faço por serem muito terríveis. Foi um tempo de dar valor ao dinheiro, aos meus carros e aos meus negócios – tempo de amar coisas e usar pessoas.

BASTIDORES DO RAP

NÃO FORAM POUCOS os camarins e camarotes pelos quais já passei; vivi muitas mágoas, mas também muitas histórias que marcaram a minha vida. Certa vez, em um grande evento, uma menina estava chorando muito e gritava pra chamar minha atenção, e então um dos nossos seguranças me chamou e me fez atendê-la – que era nova e estava acompanhada de uma senhora. Ela, então, me entregou, por entre as grades que nos separavam, um papel branco dobrado, e não cansava de dizer que minha música havia sido feita pra ela – referia-se à música *Baseado em fatos reais*. Quando entreguei o papel assinado pra ela, a tal senhora segurou meu braço e disse: "Você viu o que assinou?". Eu disse que não. E ela me deu o papel e pediu pra eu abrir; quando o fiz, vi que era o registro de nascimento da menina. Depois de conhecê-las melhor, soube que aquela senhora era mãe dela e que tentou abortar a filha, que estava me pedindo um autógrafo. Foi então que percebi como nossas músicas, mesmo sem querer ou imaginar, podem fazer diferença na vida das pessoas.

BASEADO EM FATOS REAIS

Lembranças que eu trago no meu pensamento
Da vida que eu tive só de dor e lamento.
Muitas coisas ruins, bem poucos foram as boas,
as drogas, a violência, o crime,
o sofrimento pra minha coroa.
Não pensava em nada, zoava a noite inteira.
Aos 18 anos de idade, a primeira besteira.
Eu fiz um filho com a mina que já não era firmeza.
Moleque, burro e virgem, foi pela beleza [...]

Pra eu ser mais específico e claro,
Foi um lugar denominado Samba do Capão
Apenas dois minutos de conversa
e o destino daquela mina: meu Opalão [...]

Mano, meu desespero foi lançado
Quando eu descobri que da minha pessoa
aquela mina tinha engravidado.
A notícia fez com que minha vida virasse pelo avesso
Mas pelas burrices, até que eu mereço [...]

Juro por Deus do céu que meu sonho era ter
aquela menina, minha filha
Ter, mas não teve a menina? [...]
Calma aí, calma irmão, ela tirou minha filha [...]

Quando eu soube da notícia eu só queria morrer
Desfiz de pais, de familiares, só você vendo pra você crer
Desamparado vi as cenas da minha vida se passando
E eu sonhava desesperadamente com aquela
menininha me chamando [...]

Pra eu me recuperar foi f... arranjei um trampo e escola
Deixei de lado a moda, passei a jogar bola
Larguei realmente as drogas
Resolvi dar continuidade na minha vida
Deixei de lado os caras da vida bandida
Descobri que a partir daquele momento
A vida teria que ser a minha sigla
Mas, mal eu sabia que o mal ainda estava por vir [...]

Foi aí que um resultado de exame médico apontava...
Mano, tiveram que fazer 3, 4, 5 pra eu pode lê, ver e crer
Que no meu sangue, na minha vida rolava o vírus HIV [...]

O desespero fez com que eu fosse atrás daquela mina [...]
O desespero vez com que eu me tornasse apenas
mais um homicida.
Mesmo local, parecia até aquela primeira cena [...]
Mas não, sem Opalão, canhão na mão, dor no coração,
desespero, pânico, choro.
A sequência: sangue no chão, vários tiros, cheiro de pólvora
e um miolo estourado [...]
Eu me sentia vingado.

Poucos minutos, chegou a polícia
Eu nem me lembro mais da minha reação
Eu me lembro do martelo batendo: bum, 6 anos de detenção.
Carandiru, várias histórias, vários parceiros, vários relatos,
Linha de frente, ideia cadeado, acerto lá dentro era mato.
Três anos de sofrimento, engravatado em meu alvará
Graças a Deus, consegui voltar para a harmonia do meu lar
Que lar que nada, hoje no quarto
na fase terminal, no hospital [...]

Aos 23 anos, longe do carinho da minha família
Imaginando, lá longe, o rostinho daquela menina, minha filha
Pensando direito no mano firmeza que eu poderia ter sido
Saudade da minha mãe, que poderia tá aqui do meu lado comigo
Lembrando dos meus manos que cresceram do meu lado.

Triste pelas pessoas que reclamam da vida
Sem nunca ter passado
Mas eu oro pela alma daquela mina
Que eu tô ligado que ela não foi firmeza
Eu oro pelos manos que se ilude
E troca a vida por apenas um copo de cerveja.
Eu peço ao Pai para que a história deles seja diferente da minha
Eu peço ao Pai que aquele mano e aquela mina use camisinha [...]

Jesus está voltando, o mundo se acabando, e o tempo esgotando
Final de uma vida sem glória
Truta, leve-me na memória, tô saindo fora. [...]

Mas o que me deixa mais triste não é saber
que eu vou falecer entre hoje e amanhã
O que me deixa mais triste é saber que essa história não é só minha.
A molecada tinha que saber que a rosa é bela, mas traz com ela um espinho, e esse espinho traz muita maldade.
O que me deixa mais triste ainda é saber que o desespero faz com que muitas mães deixem de lado uma coisa linda que Deus deixou na Terra, chamado filho.

Leve-me na memória porque o meu futuro é a morte.
O meu futuro é a morte.

EM CAMARINS, vi muitos que cantavam o que não viviam, que falavam de paz e viviam guerra (incluindo eu mesmo, por um tempo), que gritavam em seus shows "Não às drogas!", mas se afundavam em cocaína antes de se apresentar. Nesse ponto, não podia cobrar porque eu era um desses que falavam de amor e viviam ódio. Vi muitos falarem e cantarem sobre ouro, carro e casas luxuosas, mas voltavam pra casa de ônibus e embebedados. Assim como muitos andavam de tênis caros e carros alienados e pagavam aluguel onde moravam, mas batiam no peito dizendo "revolução". Eram quase sempre pessoas começando no rap, e hoje estão por aí frustradas e talvez pensando que poderiam ter feito diferente.

Também vi vários revolucionários que pegavam o microfone e faziam realmente os manos refletirem sobre vida, revolução, rap, família e muito mais. Homens que choravam quando cantavam, e passavam sua mensagem. Já vi uma multidão cantando minhas músicas, chorando emocionada em ver que faziam parte das histórias que eu cantava. Assim como a polícia já tomou meu microfone e me ameaçou de **matraca** na mão, também já pediu pra eu assinar um CD para o filho. Presenciei famílias começando em shows de rap, multidões pedindo paz abraçados uns aos outros, cantando um refrão que poucos conhecem, camisetas no meio de milhões de pessoas sendo levantadas com frases que eu criei, vários olhos voltando a brilhar em um abraço dado por um rapper que às vezes nem sabe o poder que tem nesse abraço, que quase sempre é tão difícil ser liberado.

Eu vim de lá, onde o importante era o dinheiro, era estar nos melhores lugares com as melhores pessoas, camarins, camarotes, fotos no flyer das festas, com o nome maior do que o de todos, nos melhores horários pra pegar o público no auge da festa, os melhores sons, as melhores vozes... Eu vim de lá, onde fama era um dos maiores objetivos. Mas houve uma metanoia. Houve uma conversão, e vim para os pés da cruz vazia!

Não me converti pra cantar rap, continuar a carreira. Não vim porque minha carreira estava ruim, pelo contrário, tanto que renunciá-la foi uma das maiores dificuldades. É difícil conviver com pessoas que estão aqui no Evangelho, querendo ir pra onde eu estava...

DEIXO CLARO QUE O PECADO NÃO É SER CONHECIDO, MAS O ERRO ESTÁ EM FAZER QUALQUER COISA PARA QUE ISSO ACONTEÇA, INCLUSIVE MATAR SONHOS DE OUTRAS PESSOAS.

FOI UM TEMPO RICO, em que conheci histórias e convivi com algumas que dariam filmes, livros – cada uma de arrepiar. Foi quando conheci o Fernando FF, um detento que trabalhou no hospital do Carandiru com o doutor Dráuzio Varella. O

Fernando ganhou sua liberdade depois de quase dez anos preso, quando conseguiu provar sua inocência.

Conheci vários que passaram pelo famoso vale da sombra da morte e que conseguiram ficar firmes. Mas infelizmente também conheci muitos que sonhavam em estar livres e, quando voltaram pra rua, não conseguiram se manter vivos. Só quem tem uma passagem pela prisão sabe o tipo de luta que encontra para se reintegrar à sociedade.

SHOWS

FORAM MUITOS SHOWS, muitas histórias, muitos lugares, mas sempre tem aquelas pessoas marcantes como o lendário Bob Kid, do Jd. Imbé; meu povo de Horizonte Azul (Jô, Selma, D2, saudoso Cartel HT); o Mano Kaká, do Morro do Piolho; o pessoal de Água Rasa e de Jacareí (onde mora meu amigo Montanha, que hoje é crente); os amigos Nuno Mendes e Isinailon (manos que têm meu respeito até hoje); o GOG, de Brasília; os manos das festas da 105.1 FM em todo o Brasil; pessoas como DBS, Douglas (do Realidade Cruel), Eduardo, Mano Brown, Maurício DTS (irmão), Ty (autor de *Apenas mais um*), Josyas, Ferrez; também tem os *backing vocals* que mais falavam de Deus pra mim (Vainer, Smith E. e J. Ariais); meu mano Gilson Lima (outro que tem meu respeito; ele é um dos caras que até hoje fazem eventos e levam a sério o que fazem, e nunca deixou voltar uma vírgula do que diz); o B.A. (Produções), que foi fundamental em minha carreira; o Peixão (um mano que me deixava tranquilo, porque tava sempre do meu lado, pra matar ou morrer); Nil Black (meu conselheiro e irmão); DJ Culina (meu filho nas MK'S); um pessoal de Taboão da Serra, que mudou minha forma de pensar, e foi por meio da rádio Atividade FM que conheci a Clay e toda a família: a Mônica, o Cléber, as irmãs Cris, Dani, Taty, o Bruno e a D. Meire; além do Rony, do Leley, do Pité, do A.I.C.E. Man, dentre outros.

UMA VEZ, fomos em uma **banca** grande para uma cidade. Era a entrega de um hospital maternidade, onde um político iria estar. Lembro que cantamos um pouco antes da cerimônia de entrega; tinha um forte esquema de segurança posto pela PM. Sempre que cantávamos, levávamos uns grupos junto com a gente pra fazer um som também. Nesse dia o Ty, vocalista de um grupo que andava com a gente, foi o que abriu o show; ele tinha um refrão que era assim: "Chamaram **os home**, malandro bom se esconde, sujeito que no gueto desarruma é só sapeco". Nem preciso contar o resto da letra, né?

Sei que os **pulícia** foram se aproximando e, quando vimos, estávamos enquadrados e proibidos de cantar; tomaram os microfones de nossas mãos e eu, cantando, ouvi o engatilhar de uma matraca. O Ty desceu, já trocando a camisa, saindo pelos fundos... Esse dia viemos embora numa tensão total; depois rimos do feito, mas no momento era uma mistura de sentimentos: revolta com alívio. No fundo, eu sabia que minha história no rap tava sendo escrita!

OUTRO SHOW QUE MARCOU minha história foi um que fizemos na quadra da Gaviões da Fiel. A cada verso que eu cantava, pulava o seguinte, porque não conseguia cantar por estar chorando de emoção ao ver o lugar lotado, cantando todas as nossas músicas; fomos recepcionados com o maior carinho e respeito, com faixas no meio do público com frases de músicas nossas. Em uma estava escrito "Lealdade, humildade e procedimento"; em outra: "Amor só de mãe". Foi muito emocionante.

Nesse tempo, alguns manos do Detentos ainda estavam presos e vinham escoltados para os shows e, na hora de voltar pro **bonde**, eles pediam para não levarem os manos algemados. Isso quase deu uma guerra entre o público e os escoltas! Tempo bom em que o mano que chamamos de Negro Haalls trabalhava com a gente e deu a maior força pra que tudo desse certo nos eventos. Saudade do Negro Haalls.

NUM DOS PRIMEIROS SHOWS que fiz dentro de um presídio, tive a oportunidade de cantar uma música que fez muito sucesso, chamada *A ideia é forte*. Estava escrita, porém não produzida, apenas ensaiada para tocar ao vivo. Cantei essa música pela primeira vez numa penitenciária do Estado de São Paulo que ficava atrás do Carandiru. Aquele dia ficou muito marcado na minha memória, pois ali ficava o pessoal que já estava em fase terminal de doenças como HIV e câncer. Por incrível que pareça, todos estavam algemados a cadeiras ou leitos. Foi muito forte ver pessoas tão doentes sem cuidadores e sendo tratadas como presos comuns.

"NÃO VEJO COMO ANTES. HOJE SEI QUE MEU INIMIGO NÃO É O MANO QUE MATOU E FOI PRESO, NÃO É O POLÍTICO SAFADO, MAS É AQUELE QUE AGE NELES."

Nesse dia, um desses detentos me chamou para perto e me disse que aquele poderia ser o último show de sua vida, e que ele o assistiria em pé. Pedi para ele não fazer esforço, pois não precisava. Não adiantou eu falar, quando começamos a cantar, ele pediu para a família apoiar os braços dele e se levantou – foi uma das maiores provas de amor que já vi para o rap. Quando já estávamos no meio da música, a irmã e a mãe, já cansadas de segurá-lo, o colocaram de volta na cadeira. Então, vi o braço dele todo machucado pelas algemas e pude perceber a dor que deveria estar sentido quando sentou com suas pernas atrofiadas. Fiquei emocionado com as lágrimas que ele derramou de dor e o sorriso que ele me deu – minha música fez a diferença na vida daquele cara.

NESSE TEMPO A PALAVRA VALIA MUITO, PRINCIPALMENTE NAQUELE LUGAR.

Confesso que foi uma das vezes que chorei cantando isso; não esqueço por ter sido a estreia da música *A ideia é forte*.

Nesse dia, fui ver os quartos que serviam de celas para os acamados. Conheci um mano que aparentemente estava até bem; ele me chamou para perto e começou a falar calmamente e devagar, e me contou em vinte minutos quase toda a sua vida. Pediu meu endereço para me enviar cartas, disse que tinha pouco tempo de vida e amava o rap, que ouvia muito na rua e se arrependia de ter aproveitado tão pouco e mal a sua vida. Sentei ao seu lado e tive a ideia para a letra de uma das músicas que mais fizeram sucesso na minha carreira, chamada *Baseado em fatos reais* – a qual vocês puderam ver uns trechos na página 48. Nosso CD sairia por uma gravadora e seria distribuído por uma multinacional; na época, o CD padrão teria que ter no mínimo doze faixas. Nós tínhamos dez e uma introdução chamada *Quebrando as algemas do preconceito*. Quando o empresário nos deu a notícia sobre a gravadora e a distribuição, disse que faltava fazer mais uma canção. E então, mexendo em minhas coisas, achei umas cartas, entre elas a folha que esse mano dedicou a mim. Resolvi escrever a história dele como se fosse a minha vida, recheada de frases que ele me falou no dia. Queria muito ter essas cartas até hoje, para lembrar o nome dele. Mas a história é a que relato aqui.

Disse que era muito novo e conheceu a primeira namorada cabulando aula na escola para ir pro samba, do qual gostava muito. Lá conheceu essa **mina** que era de rolê, mas se apaixonou por ela e começou a levar a sério, porém ficou sério só para ele (fez questão de deixar isso claro umas três vezes em nossas conversas). Essa mina engravidou dele, que passou a sonhar com família e até pensava no nome do bebê. A pedido dela, foram morar na casa dos pais dele. O cara se desfez de algumas coisas que tinha para comprar as coisas pro bebê, e a mina sumiu com o dinheiro e o abandonou. Depois de um tempo, a decepção: ele descobriu que ela tinha abortado – essa foi a porta para ele conhecer as drogas, ganhar as ruas e abandonar o pouco que tinha: escola, trampo, família...

Quando voltou para a família, depois de um tempo, arrumou um trabalho e no exame de admissão descobriu que estava com aids. Revoltado, foi para o lugar que frequentavam no rolê, e agora estava armado. Iria matá-la. Ele a executou, sem esboçar vontade de fugir. Foi preso. Após condenado, foi levado ao Carandiru. Quando chegou à fase terminal da doença, foi transferido para a Penitenciária do Estado, onde eu o conheci.

Nunca mais o vi nem tive notícias da família, mas foi eternizado na música que hoje faz parte da história de vários que a ouviram.

Vi, ouvi e vivi muita história forte como essa. Essas histórias precisarão de um capítulo para elas.

MINHA MAIOR FRUSTRAÇÃO é saber que o cara morreu sem Cristo e que, se eu tivesse conhecimento de uma verdade que só depois de anos passei a entender, eu teria mudado a trajetória daquela alma. Naquele dia, o que eu disse é que mais cedo ou mais tarde ele morreria, que deveria aceitar isso como homem e não se intimidar com a morte. Essas eram as verdades que a rua havia me ensinado.

Hoje enxergo o quanto eu estava errado com isso. Como me arrependo de por tanto tempo ter sido vazio, e era isso o que eu oferecia para os outros.

Pessoas vazias oferecem apenas vazio para outras.

Hoje, mostraria um "caminho" que nos leva para um lugar melhor, aonde não precisamos ser empurrados em cadeiras de rodas ou ser privados de algo tão bonito como a liberdade. Explicaria que nossos inimigos não são pessoas que erram diariamente conosco – desde uma decepção até a atitude de tirar uma vida por algo tão banal ou cruel –, mas o nosso inimigo é aquele que age nessas pessoas. Hoje mostraria uma "verdade" que poderia apontar nosso real inimigo, a ponto de ser liberto para sempre de um corpo que cada dia morre um pouco mais. E que o único caminho para conhecer a verdade era viver uma "vida" que só Ele pode nos oferecer, que é a vida em abundância. Ele é o Caminho, a Verdade e a Vida. Ele disse que ninguém viria ao Pai se não fosse por Ele; Ele é Jesus! (João 14:6)

HISTÓRIAS QUE VI, OUVI E VIVI

AMBIÇÃO – o mundo ensina a gente desde criança que o importante não é ser, é ter. **OSTENTAÇÃO** – pra um jovem, a qual a rua atrai mais do que a escola, o mais fácil é tomar de quem parece ser, é crescer sendo intolerante com os pais. Para o jovem, os pais tiveram uma vida frustrada, pois nunca saíram do aluguel ou nunca compraram ou dirigiram um carro.

Muitos jovens crescem querendo viver o que um criminoso ou artista de TV mostra ser uma boa vida. Um simples fone de ouvido traz inverdades de um jovem que canta que usa correntes de ouro, que tem dinheiro, que tem mulheres etc., que isso é ser feliz. O jovem faz o que ouve, quer aquilo pra ele também – está atualizado nas roupas, no ouro, nas mulheres... Mas isso é uma vida vazia; na maioria das vezes, os caras cantam riqueza no fim de semana, e durante a semana vendem balas no farol.

Homens, mulheres, jovens, crianças submersas numa "verdade". A vida é feita de escolhas sim, é verdade, mas as pessoas tomam suas decisões com base no que conhecem como verdade, como certo, como "normal". Ou então começam a tomar suas decisões de acordo com suas necessidades, sua defesa. Aprendem que é cada um por si, então é preciso aprender a ser "homem" e se defender.

Geralmente, mata-se com medo de morrer. É aquela famosa frase: "Antes a mãe dele chorar do que a minha". Pode ser por um sentimento ou até por uma dívida boba, discussões sem sentido, mas a frase que fica tirando o sono é a da decisão que foi dada: "É isso memo?", ou "A gente se tromba!", ou, sem **pioiagem**: "Vou te matar".

Frases que nas quebradas tiram sono e podem transformar um simples pai de família ou um estudante em um homicida disposto a tudo. Noites com aquelas frases ecoando, olhares que se cruzam com maldade, até que a primeira vez mata-se com o medo de morrer, ouvem-se várias teses do tipo "é melhor de oitão porque não trava, pistola dá muito problema"... E então resolve ir de oitão, dizendo que não vai picotar a bala. A adrenalina se mistura com o sentimento de estar livre, ou vivo, se preferir dizer assim. Uma culpa que passa depois de uma dose ou o "ser vilão" falando mais alto. Não há regras, não há limites. Depois de um tempo a rua ensina que isso é normal.

COM A FERIDA CICATRIZADA, A DOR SE VAI E FICA SÓ A MARCA...

E essa marca te faz pensar que agora qualquer tipo de problema pode ser resolvido da mesma maneira. Antes foi pra não morrer, agora pode ser pra ter mais respeito, por que não? Aliás, pessoas que não aceitam o ritmo que é colocado, ou o estuprador que foi pego pela população, ou que seja aquele que sacou a arma pra defender algo que nem dele era e que ele sabia que o seguro ia pagar, mas quis ser o herói atirando em mim ou em alguém na situação etc.

Quando isso se torna normal o coração petrifica, tudo em volta escurece, sorrir não faz sentido, não tem motivos, e agora o objetivo é crescer e uma hora parar com tudo. É como se fosse uma história criada por nós mesmos cujo fim com certeza será feliz! Mas vem uma grande dúvida quando você vê que no meio dessa história personagens estão sendo sepultados, e você ali, depois que foram quase todos embora, imaginando estar dentro daquela caixa, e pensando no que estão pensando, e ao mesmo tempo com medo de alguém estar ali te esperando pra te prender. Em alerta constante. Uma angústia te cerca porque, afinal, você ama o mano que está ali dentro, mas faz força nesse momento pra esquecer isso, porque fez um pacto de não derramar lágrimas perante homem nenhum. Abraça a mãe do amigo dopada com Diazepam e ouve a alma dela gritar falando: "Eu avisei tanto pra ele". Então olha mais embaixo e vê as pivetinhas, uma de dois e outra de cinco anos, sem entender nada do que está acontecendo. Só entenderão mais tarde quando, com grande vergonha, forem contar essa história (para o resto da vida) de que o pai foi morto pela rota.

Toda semana promete pra si mesmo que vai parar, mas sempre tá envolvido de alguma maneira. É como se fosse uma cadeia invisível, está tão envolvido que torna-se um hábito estar sempre nas sombras, sempre atento, às vezes sem arma, mas correndo do enquadro; tudo em dia, mas as atitudes te **caguetam**. Passa a não ter mais uma vida, não acredita mais na própria mudança. A maldade está em tudo e em todos que se aproximam, as músicas que exaltam pessoas iguais a você viram hinos, você se vê nos filmes violentos, se identifica com os vilões, acha da hora aquele filme em que mina é baleada dentro do Lowrider, mas não se entrega aos *pulícia* – o que explica o título que virou lema: *Até as últimas consequências*. Os filmes mais tops são aqueles em que os bandidos vencem no final, os super-heróis começam a ser odiados, deseja-se vida longa ao Coringa e a morte do Batman.

Seus amigos agora são os que pensam como você; família agora só existe nos discursos bonitos pras minas com quem se envolve. A verdade, porém, é que passa meses sem dar nem um "oi" pra guerreira que, ironicamente, a gente diz que ama mais que tudo.

No decorrer do tempo, você vê que tudo que ganhou foi pra advogado e pra **bote** que pagou pra não ficar preso. Quantos carros, quantos bens não foram assim? Às vezes andando com carro top, e a casa e as roupas da véinha do mesmo jeito, os pais ainda no trampo pesado, a família pagando aluguel ou passando **veneno** nas contas.

Algumas vezes o cara deseja morrer, mas tem medo de que seja verdade a história do inferno. O preço de deitar e não conseguir o descanso porque sonha que está sendo morto da pior maneira, o preço de ficar **castelando** que em alguma hora, mesmo depois de anos, alguém vai te reconhecer... Quando cai em si, era só um pensamento, ou mais um dos piores pensamentos que você daria tudo pra não ter mais.

Como viver isso tudo, tendo que mostrar para as pessoas que você é o cara, dizendo que tá tudo bem, mostrar controle em algo que nunca teve controle, provar para as pessoas que você nem conhece algo que, na verdade, você nunca pode ter, mas deu sua alma por isso, e, por um momento, parece que é impossível voltar atrás...

Se tornam reais as frases ditas pelo **zé-povinho**: "Esse aí é caixão ou cadeia!".

RITMO DA CADEIA

IMAGINE O QUE SE PASSA na cabeça do cara... Chegou de bonde, algemado a um cordão com dez a doze homens, com pouco ar para respirar em um percurso longo, no sol quente, com alguns desses caras vomitando. Chegando à detenção, sentiu um forte cheiro de suor, cê-cê, vômito e urina. De dentro do bonde, escutava um som que ecoava de mais de mil homens gritando de dentro do pavilhão: "Vai morrer, vai morrer, vai morrer!". Agora, seria tratado como animal pelos **funça**, numa recepção nada calorosa, só falando: "Mãos para trás, cabeça baixa!", e ditando as normas da unidade durante sua estada.

Tem cara que chega na cadeia **arrastando a cadelinha**, pedindo licença até para o saco de lixo, só observando tudo, porque ouviu falar como é tenso o sistema, tipo "campo de concentração, parque dos monstros". Depois percebe que há leis dentro do sistema, que vai de uma simples cobrança verbal ao extremo de perder a dignidade ou a vida.

No convívio diário, o detento aprende que a higiene é primordial. Há regras do tipo: a de **usar o boi**, lavar as mãos antes de comer um alimento da barraca, não comer a cota de outro companheiro. Nas épocas mais antigas, certos tipos de palavras não eram aceitas – por exemplo, chamar o outro de moleque, ou de filho da..., ou mandar ir tomar naquele lugar. Teria que estar disposto a tirar a vida de quem ouviu isso. Se conversar passando a mão no rosto, na bochecha ou no queixo, é sinal de que está falando que quer fazer de mulher o que está te ouvindo.

    Na hora da visita, nunca fixar o olhar em alguém que não esteja te visitando. Se trombar alguém, deve-se olhar fixamente pro chão ou pra parede. E aprende-se que tem que medir as palavras para não parecer duplo sentido, para não aparentar maldade no que se está falando.

    No dia a dia, essas regras vão se tornando parte da vida desse homem, e quando ele sai em liberdade, ele sai com esse ritmo sistemático, tanto para falar, quanto para agir ou ouvir. Mesmo livre, ainda está preso ao sistema; sai da cadeia, mas a cadeia ainda está impregnada nele. Isso traz uma forte luta interna para esse homem, que agora tem de se reintegrar a uma sociedade que talvez nunca viveu com regras (ou, pelo menos, não com essas regras). Muitas vezes, dá pra gente pensar naquela frase: "Hora errada no lugar errado". Imagine quantos inocentes estão passando por esse mesmo sistema.

    É difícil para um ex-detento se reintegrar à sociedade. Muitas vezes, até mesmo as famílias não acreditam na recuperação, pois passaram por muitas decepções. Mas quem errou não tem sentimentos? Eu sempre digo que ninguém nasce bandido.

Para arrumar um emprego, também há muita dificuldade. Nunca é por indicação, e mesmo quando consegue algum, se por qualquer motivo descobrem o passado do cara ele nunca mais é tratado da mesma forma.

No caso de abordagem policial, a rotina normal, até chegar a pergunta: "Tem passagem? Vou puxar a ficha". Pronto, basta pra deixar de ser o cidadão e passar a ser chamado de bandido. O que era para ser rotina se torna banco de carro arrancado, averiguação de motor, ou mais: a pessoa é jogada no chão, ou agredida com socos e bombardeada com mais pergunta: "Qual é a correria?".

Se ocorre um assalto, homicídio, ou qualquer pequeno furto, geralmente o suspeito é o que tem passagem.

O Instituto Avante Brasil aponta que 70% dos presos são reincidentes. Eu penso que desses 70%, 65% tentaram de verdade se reintegrar à sociedade, mas encontraram pela frente muitos preconceitos e empecilhos. E o reincidente é muito mais violento do que o réu primário – quem foi preso em roubo à mão armada, volta em latrocínio (roubo seguido de morte).

Será que a sociedade está seguindo o amor que Cristo nos ensinou? Será que estamos perdoando esses caras e tentando fazê-los ter uma vida honesta? Será que haveria tantos reincidentes se no primeiro crime esses caras fossem perdoados depois de pagarem suas penas?

ELE É SÓ A MATRÍCULA 179.748

COMO EU DISSE, NINGUÉM NASCE BANDIDO,

PENITENCIÁRIA de Presidente Venceslau. O cara já era homem feito aqui. Mas, quando tinha 14 anos – filho de mãe solteira, pouco dinheiro, pouca comida, pouca oportunidade, morador do Jardim Ângela, em São Paulo –, foi mandado embora de casa. Orgulhoso, não voltou atrás e se entregou às ruas. Noites difíceis? Sim, com certeza. Longe do abraço familiar, quem o abraça? O crime.

Acolhido pelo tráfico de drogas em meados de 1989, começou então sua carreira na vida bandida – tráfico, homicídios, assaltos acumulando assim um histórico violento. Contando os casos em que foi autuado, chegou a dezenove passagens, sendo três quando ainda era menor de idade, na antiga Febem, hoje, Fundação Casa. Em 1995, ocorreu sua primeira passagem quando maior de idade, primário (**cabeça de bagre**) e tumultuador; mesmo assim, sentiu o peso de ver as trancas se fechando e os funcionários indo embora.

QUEM INVENTOU AS GRADES NÃO SABE A DOR DE UMA SAUDADE.

NÃO É PALCO,

Deu a sorte de sair numa fuga (**cavalo louco**) depois de quatro meses preso. Então ficou foragido, e acabou recapturado em outro assalto. Retornou ao sistema entre fugas e evasões, passou por diversas delegacias, rebeliões, superlotações e maus-tratos. Após aproximadamente sete anos privado da liberdade, longe da família e da sociedade, conseguiu benefícios e foi absolvido de alguns delitos. Enfim, chegou a tão sonhada liberdade.

E então, apoiado pela família, colocou um propósito diante de Deus, meses antes de ganhar a liberdade: visitar a casa de Deus pra agradecer pela liberdade. Conseguiu um emprego em uma empresa de grande porte, com o cargo de liderança de portaria, e com a família restaurada. Após dois anos e meio trabalhando com registro em carteira, em um dia como outro qualquer, pegou a moto e a caminho do trabalho foi abordado numa blitz, quando descobriu que um dos antigos processos havia sido reaberto e julgado; por isso mesmo, encontrava-se novamente na situação de foragido. Estava condenado à revelia, e foi preso novamente sem direito a audiência, encaminhado para o CDP (Centro de Detenção Provisória) de Itapecerica da Serra, depois para o CDP de Osasco, o CPD de Mogi das Cruzes e o CDP de Suzano, sempre vivendo em setor. Após a megarrebelião que houve em 2006, foi encaminhado com alguns presos para o castigo do sistema P1 Presidente Venceslau.

Esse sistema contava com três pavilhões trancados 24 horas por dia. Praticamente um campo de concentração, sem direito a banho de sol, visita, advogado. O que havia era alimentação adulterada com vidro, fezes de ratos, pedaço de carne misturado com agulha, sem direito a tratamento médico ou aos próprios pertences (**Jumbo, Sedex**), recebendo constantemente forte opressão dos *funça* e dos *presos* rivais. Um lugar esquecido por tudo e por todos, onde nem as entidades de direitos humanos conseguiam acesso para saberem dos descasos.

Cesar Duarte – para o sistema, apenas mais um número de matrícula: 179.748. Peço mais uma vez que parem pra pensar como é a vida de um homem que passa por isso.

Depois de enfrentar um bonde de doze horas de viagem, num caminhão lacrado sem ventilação, sem alimentação, sem água e algemado a outros detentos, com um forte mau cheio – suor misturado a urina e vômito –, é recepcionado pelos tiranos com barras de ferro maciço. Já com muita fome e sede, o detento é obrigado a se desfazer de roupas e pertences, ficar nu e vestir um uniforme sujo e de tamanho desproporcional, já usado por um antigo morador. Tudo propositalmente. Depois, é entregue a ele um colchão em péssimo estado, bem como uma caneca, um prato e uma colher de plástico; entregam também uma boia (marmitex). Algemados com as mãos para trás, tem que levar tudo o que lhe foi entregue até a chamada cela do castigo, que mede 2 x 1,5 m. No caminho até a cela, ouvem-se sussurros dos outros internos da unidade: "Não come essa **boia** não".

O estado é tenso e apavorante, pois conheceu sim, na pele, o lugar onde o filho chora e a mãe não vê, após a integração de dois em dois em cada cela e a saída dos *funça* do pavilhão. Conhece o motivo do aviso para não comer, pois há vários fragmentos na comida: vidro, pedaços de agulha misturados à carne e fezes de rato, assim como se pode sentir o cheiro de urina.

Muitos dos que não aguentaram a fome e acabaram comendo, defecaram sangue e tiveram doenças, e alguns morreram. Alguns lavavam a boia e a peneiravam para se alimentar; outros, como o Cesar, comiam o pão de fiapo em fiapo, pois esmiuçavam para tirar alguma agulha ou cocô de rato.

O que chama a atenção é que num lugar como esse, onde imperava a maldade e a dor, a única coisa que os funcionários respeitavam eram os cultos de louvores a Deus, que ocorriam todas as tardes. Os cultos eram entoados aos gritos, de cela para cela, pela boca dos bandidos mais perigosos de São Paulo. Nesse lugar, o Cesar passou o Natal e o Ano-Novo.

Faz parte da história do Cesar dezenove acusações: três assaltos (artigo 157 do código penal), uma tentativa de assalto (artigo 157, 14), duas corrupções de menores (artigo 218), duas resistências à prisão (artigo 329), tráfico de drogas (artigo 12, código antigo), dois danos ao patrimônio público (artigo 163), uma tentativa de homicídio (artigo 121, 14), duas formações de quadrilha (artigo 288), um furto (artigo 155), três portes de armas (um pelo artigo 19, código antigo, e dois pelo artigo 10, código novo) e uma falsidade ideológica (artigo 299).

Diante de histórias como essa, você acha que esse homem, chamado de Cesar por mim e de matrícula 179.748 pelo sistema, seria capaz de se reintegrar à sociedade?

Eu diria que não, nunca, sem darmos uma chance e uma alternativa. Nunca, se eu não tiver paciência e fé de que Deus pode nos ajudar a transformá-lo – o que não ocorre de um dia para o outro.

Mas quando descobrimos que não somos nós que mudamos essas pessoas, e sim Deus, coisas que parecem impossíveis acontecem!

O Cesar é real, não é personagem, e a história que contei aqui não é ficção. Esse homem é meu filho na fé, um evangelista que congrega na mesma igreja que eu, pai de três filhas lindas e de um adolescente, e que tem uma esposa que por longos anos levava Jumbo e passava horas na fila de várias cadeias. Hoje o Cesar trabalha de taxista – quem conhece essa profissão, sabe que nem se tiver o nome sujo não se consegue o alvará e ou o **Condutax**.

Digo, com a autoridade de um ministro de Deus, que Ele usa esse tipo de pessoa. Essas pessoas sabem de onde vieram e valorizam tudo o que têm. E tudo o Evangelho nos permite ter se formos fiéis.

Se o Cesar ainda tem traumas ou gestos da época? E quem não tem? Ou melhor, quem não teria no lugar dele?

SÓ MAIS ALGUNS

TINHA UM JOVEM que era novo, apenas dezesseis anos. Ele deu mancada porque pegou umas coisas de umas pessoas que roubavam e por causa disso a polícia parou ele. No enquadro que ele tomou da polícia, ele caguetou todo mundo. Algumas pessoas foram presas por causa dele, e quando elas saíram em liberdade esse jovem já estava trabalhando em uma biqueira. O dono da biqueira disse que não seria certo ele morrer e o protegeu. Depois de um tempo, esse jovem começou a dar mancada na biqueira, a dar trabalho, sumir com drogas, usar drogas. Então o dono da biqueira disse que não queria mais ele lá, e ao invés de matá-lo simplesmente deixaria claro pra todo mundo que ele não faria mais parte do crime, da biqueira. Sabendo disso, os manos que foram presos por causa dele embebedaram esse jovem e o mataram. O corpo ficou por muito tempo sumido.

    O dono da biqueira estava no bar um dia quando se deparou com a situação da mãe com um monte de panfletos nas mãos com a foto desse jovem e falando em voz alta, procurando por ele no bairro, pedindo ao dono do bar deixá-la pregar na coluna do estabelecimento a foto do rapaz, pois tinha esperança de achá-lo vivo, porque cria em um Deus vivo.

Aí você imagina a situação do dono da biqueira: estar naquele lugar, naquela hora, e ainda passando por uma transformação, pois, de certa forma, foi sendo alcançado por esse mesmo Deus vivo em que essa mãe acreditava. E ela repetia que tinha fé que iria ver o filho vivo. Então o dono da biqueira pediu para escreverem uma carta e entregarem pra ela, dizendo onde estava o corpo, pra essa mãe poder enterrar o filho – pelo menos, poder enterrar o filho. Histórias como essa acontecem diariamente na periferia de São Paulo.

ERA UMA VEZ um rapaz que conheceu a verdade e decidiu se batizar. Mas, um dia, por causa do passado que o rapaz teve, veio um jovem à porta dele e falou: "Olha, você sabia que meu irmão era o único **corre** que eu tinha? E você matou o meu irmão!".

O tal irmão estava na rua fazendo coisa errada, e acabou morrendo porque estava roubando botijão de gás, roubando celular na quebrada, batendo em senhoras e fazendo tudo que fosse necessário pra usar drogas. Então o traficante da quebrada deu o aval para matarem o menino. Por isso o irmão mais velho, depois que saiu da cadeia, veio falar com o "chefe" para tirar satisfações.

O antigo "chefe", digamos assim, entrou na casa dele, pegou um dinheiro e deu na mão do jovem que perdeu o irmão. E disse: "Essa é a forma que tenho de adiantar o teu lado. Agora eu tô numa boa fase, tô indo pra igreja. Procura sua melhora também". O rapaz pegou esse dinheiro, comprou uma pistola e foi fazer a melhora do jeito dele. E o antigo "chefe", que ia se batizar, continuou a trajetória dele também.

Passaram-se mais ou menos duas semanas, e o rapaz que iria se batizar estava na casa de uns amigos, numa casa de família, com a futura esposa dele e, voltando pra quebrada, ficou pensando se passaria na quermesse e veria seus manos, amigos, ou se iria pra casa tomar um banho e comer uma pizza. O farol abriu e ele resolveu, então, subir pra quermesse e ver os amigos. Quando chegou lá na entrada, encontrou o tal jovem que perdeu o irmão, agora bêbado, armado com uma pistola. Assim que o jovem viu o antigo "chefe" foi pra cima dele com muita raiva, sacou a pistola, grudou no colarinho do rapaz e o empurrou até que ele caísse. **Puxou o carrinho da pistola**, apertou o gatilho e falou que ele iria morrer. O barulho da pistola deixou o "chefe" perturbado. Ele empurrou o jovem armado, que caiu alcoolizado sobre umas motos, deixando até a arma cair. O rapaz que iria se batizar saiu correndo. Ali estavam vários amigos, que falavam que matavam e morriam por ele, mas não se moveram pra impedir que tirassem a vida dele. Por sorte, ele empurrou o cara e saiu correndo.

Em vez de seguir o caminho dele, esse rapaz que ia se batizar pegou uma matraca e voltou ao mesmo lugar. Agora cego de raiva, sacou a metralhadora e praticamente rasgou a carne do jovem que perdeu o irmão.

Acabou baleando um monte de gente, acertou pessoas que não tinham nada a ver com a história. A maior dificuldade pra esse rapaz que estava com a esperança de uma nova vida após o batismo, pois já tinha optado por seguir um caminho bom, foi ouvir em sua cabeça o diabo falando: "Esse é você, você não precisa de Deus, você é o próprio demônio". O diabo se revolta quando uma alma decide seguir a Verdade e faz de tudo para que ela desista. Ainda bem que esse rapaz entendeu o que é o batismo, e que tinha uma saída, porque, quando ele compreendeu isso, continuou a caminhada.

EXISTEM HISTÓRIAS QUE SÃO REAIS E QUE TODOS OS DIAS ACONTECEM NA PERIFERIA DE SÃO PAULO...

O AMOR QUE PERDOA

O QUE VOU ESCREVER a seguir pode causar muita raiva, pois muitos não concordarão com o que penso sobre um ex-detento ou um ex-criminoso em ressocialização, principalmente quem, de alguma forma, tenha sido vítima dessas pessoas.

Mas peço que não restrinja as coisas apenas de um único ponto de vista, e me dê a oportunidade de, em poucas linhas, mostrar outro lado, que talvez explique o que por muito tempo foi causa de debate em seminários, cursos e escolas teológicas a respeito do amor.

É mandamento ou é dom? A maturidade nos traz para a realidade e os pés no chão nos fazem pensar antes de crermos em falácias que, de tanto serem repetidas tornam-se uma verdade. Um exemplo: de tanto falarem que o diabo veio matar, roubar e destruir, isso passou a ser como uma frase que Jesus disse, quando na verdade Ele estava se referindo a alguns líderes religiosos e mentirosos da época.

Mas quem quer saber disso, afinal? Eu sigo uma Palavra verdadeira, uma verdade que não vem de falácias. Sempre digo que se não entender o espiritual (guerra entre anjos e demônios, de onde veio meu inimigo etc.), nunca entenderá a cobra falando no Éden; se não entender a cobra, nunca será compreendida a queda do homem. Por sua vez, sem entender a queda, nunca se compreenderá a aliança de Deus com o homem. E os profetas só fazem sentido se entendermos essa aliança. É o conhecimento dos profetas que nos faz aprender sobre a Boa-Nova, e é a Boa-Nova que nos faz entender o sentido do cristianismo: Jesus ou o motivo pelo qual Jesus veio.

Se eu não entender Jesus, o que eu aceitei? Talvez apenas um louvor bonito ou uma boa conversa de um pastor, mas nunca o que pode realmente me libertar, que é a verdade absoluta em Cristo. Certo é que se eu não conhecer essa Verdade, nunca amaria a ponto de entregar a minha vida a ninguém, ou seja, não conheço o amor se não entender a Verdade que me faz amar.

Quando a gente se distancia de Deus? A distância do mentiroso é a mesma daquele que tirou uma vida por dinheiro, ou da religiosa que ama discórdia; é a mesma da prostituta que vende seu corpo – digo isso *a grosso modo*. Meu inimigo não são essas pessoas, e sim quem age nelas, e não posso vencer esse inimigo com armas tipo fuzil, porque ele é vencido quando sei de onde veio e como age. Também não o venço pisando na cabeça dele, mas conhecendo a verdade que me livra dele (Efésios 6).

A cruz não me deu a vitória, mas a oportunidade de ser vitorioso se eu for fiel à verdade até a morte desse corpo que todos os dias morre um pouco.

QUEM NÃO É VISTO
NÃO É LEMBRADO

VOLTANDO À MINHA HISTÓRIA, à época em que estava meio difícil conciliar tudo – o crime, o rap, a fama. Eu vivia a realidade de uma frase que eu mesmo falava: "Quem não é visto não é lembrado". Nessa fase, muita gente queria ter o que eu tinha, estar no meu lugar. Acontecia muito derramamento de sangue pra tomar posse de biqueiras, quebradas etc.

Sempre fui um visionário, sempre pensei em crescer e parar, investir em mim mesmo. E então, quando decidi fazer isso, resolvi dar uma sumida. Tentei administrar tudo de longe, não aguentava mais perder dinheiro. Para mim, a liberdade valia mais do que tudo o que eu tinha. Resolvi fazer uns cursos, mudar de quebrada, cuidar de coisas que eu tive, como uma padaria; até fui dirigir lotação, pra não ficar **moscando** na quebrada. Fiz vários cursos, como Didática de Ensino e um básico de Psicologia da linha humana – no qual descobri que o que me separa da loucura é uma linha tênue, da espessura de um fio de cabelo. Amo muito carros e direção, então fiz também Direção Ofensiva e Defensiva, Primeiros Socorros, Instrução Teórica e Técnica de Direção, tudo para dar aula em CFC. Nunca exerci nada relacionado ao que aprendi nesses cursos, mas eu os fiz mesmo só pra não ficar na quebrada...

Também comecei a ir aos shows sozinho, com meu carro particular, em vez de ir na van com meus manos do grupo. Fazia questão de não misturar as coisas. Eu saía fora antes de o nosso show acabar, descia do palco e já não falava com nosso povo. Num desses eventos, o *backing vocal* do grupo, chamado José de Arimateia (o Pité), questionou minhas atitudes, dizendo que eu estava perdendo a humildade e que eu nunca tinha agido assim. Como éramos amigos havia muito tempo, resolvi falar o que estava acontecendo: polícia pegando dinheiro, tretas na quebrada etc. Contei que estava fazendo uns cursos só pra não ficar mais na quebrada moscando...

Foi naquela conversa que começou a se desenrolar o plano de Deus em minha vida: o Pité me disse que o irmão dele estava fazendo um curso também, e que era muito bom; disse que conversou com o irmão dele sobre o assunto do curso e ele até chorou – logo ele, que sempre foi sério. Então me interessei pelo curso, pedi que me levasse até o irmão dele, para que eu pudesse saber mais sobre o tema.

E qual era o nome do irmão dele? Israel. Será que era crente?

Na mesma semana, trombei o Pité para ele me levar até o Israel. Quando entramos na rua, o Israel nos viu de longe. Entrou na casa e saiu com algo nas mãos... Era uma Bíblia. Assim que eu me liguei, falei um montão pro Pité: "Mano, não basta minha mãe com essas ideias de crente, agora seu irmão?". E o Pité rindo: "Calma, mano, tem a ver com a Bíblia, mas é da hora". Aí me aproximei do Rael (como eu o chamo), que me cumprimentou e disse: "Te conheço desde pequeno, né, Denis?".

Se me chamou de Denis, era porque não me conhecia nem do crime e nem do rap, só me conheceu na época de criança. Eu respondi que sim.

Com as mãos apertadas, ele me disse: "Sabia que você é um cara morto?". Eu apertei mais forte a mão dele, cheguei mais perto e disse: "O que você sabe que eu não sei? Quem é esses caras? Fala que nóis pega todos!".

Olha o que eu vivia! Ele soltou minha mão rindo, abriu a Bíblia e disse: "Não, mano. Tô dizendo aqui, ó".

Abriu logo em sepulcros caiados (Mt 23:27) e disse que dentro de um caixão geralmente tem um morto; mesmo que por fora seja cheio de diamantes, não mudaria o fato de ter um morto. Disse também que assim eu era, porque por fora eu poderia aparentar estar bem, de cordão pesadão, cabelo pra cima no gel, roupas de marca, mas por dentro eu estava morto, vazio e fedendo.

Minha vontade foi de apertar a garganta dele e sair arrastando pela quebrada dizendo: "Aê, o crente tá louco, vamo quebrar na madeira, ajuda eu aê". Mas a realidade é que, quando ele falou do vazio por dentro, vi que não mentiu, porque eu sabia bem o vazio que sentia quando deitava, e que às vezes passava três noites em claro, virado, pra não ter que ir para o pior debate da minha vida: o travesseiro.

Imagino que muitos pensem que os piores debates ou brigas foram com traficantes ou com outras pessoas, mas, na real, o meu pior debate sempre foi com meu travesseiro. Quando eu deitava, passava um tempo e ele gritava: "Nunca mais um 'eu te amo' pra véinha, Reco? Nunca mais um abraço?". Então eu começava a retrucar, pensando nos momentos em que vi minha mãe orar, saber que já pediu pra Deus: "Deus, trata ele e leva, porque não aguento mais, Deus". Eu pensava: *Tá vendo! Ela quer que eu morra!* Mas agora eu sei que pra uma mãe orar desse jeito é porque não está aguentando mais mesmo.

SEI QUE HOJE MINHA VITÓRIA ESTÁ EM MINHA MORTE, SEI QUE O MELHOR QUE DEUS TEM PRA MIM É A MORTE. SEI TAMBÉM QUE SÓ TEM VALIDADE O QUE ESTOU FALANDO SE EU FOR FIEL ATÉ A MORTE. O QUE ME INTRIGA É SABER QUE, MESMO SEM ESTUDOS, MINHA MÃE JÁ SABIA DISSO TAMBÉM, "O EVANGELHO É SIMPLES PARA OS SIMPLES E REVELADO AOS SANTOS".

NA CONVERSA COM O ISRAEL, ouvindo-o falar, me segurava pra não chorar com as ideias que ele lançava. Eu me senti muito bem, e acabei perguntando: "Mano, que ideias da hora. Qual o nome do curso?". Ele disse que era Teologia. Eu perguntei o que significava e ele respondeu com uma frase pela qual me apaixonei: "Não é o que os pastores pregam com emoção, mas é o que a palavra de Deus quer dizer".

Na hora eu disse: "Mano, me envolve, porque quero aprender, porque quando minha mãe vier pesar na minha, com essas **fitas** de igreja, vou engolir ela nas ideias".

Soube também que o curso era reconhecido pelo MEC e se eu bacharelasse teria um diploma de nível superior. Logo, pensei que se eu fizesse até o fim teria então cela especial – ainda existia essa lei dez anos atrás. Essa era a minha mentalidade, mas os pensamentos de Deus eram bem maiores e melhores.

O Israel me levou pra conhecer o pastor que dava o seminário e poderia me envolver no curso. Chegamos numa Assembleia de Deus, no ministério Missão. Quando entrei, fui em direção ao pastor – imagina a visão que ele teve, de um cara que andava gingando com umas calças largas, olho pequeno e vermelho, indo com cara de louco na direção dele.

Glória a Deus pela vida daquele pastor porque ele não viu o que os olhos carnais poderiam julgar, mas me viu como Jesus ao olhar pra Pedro – Pedrão foi sempre o mais pancada, o cara mais difícil de lidar, sempre com questionamentos do tipo: "Jesus, quem você ama mais?", "Quem senta do Seu lado direito do trono?", "Quem é o mais bonito?" etc. Mas Jesus não o olhava como todo mundo, não via o Pedro que O negaria ou o diabo que queria cirandar com ele; Ele olhava para um Pedro convertido, cheio do Espírito Santo, que converteu aproximadamente três mil almas em Jerusalém.

Aquele pastor não viu um monstro entrar, mas alguém que depois de liberto poderia trabalhar na conversão de muitas almas. Qual foi a primeira frase depois de me cumprimentar? "Deus tem um plano para a sua vida!". Acredito que eu fui a pessoa que mais ouviu essa frase. Era incrível: quando e onde eu menos esperava, alguém chegava e me falava essa frase.

Lembro-me bem de um lugar simples, onde o que mais chamava a atenção era o seu aconchego. Reuniam-se pessoas para ouvir e aprender no seminário teológico, na Assembleia de Deus, Ministério Missão.

Quando ouvia aqueles ensinamentos, parecia que estavam preenchendo algo em mim – mal sabia eu que aquele lugar mudaria minha vida, e isso faria também com que eu mudasse muitas outras.

Cheguei da forma que eu era – andava gingando, falava muitas gírias e em cada frase uns três palavrões; eu era muito tumultuador e lembro que disse ao professor: "Tenho mãe crente, tenho Jesus do meu jeito. Tô aqui só pra escrever umas letras novas pro meu grupo. Posso?".

Ele nem deixou eu terminar de falar: "Vi você na Luciana Gimenez. Quando eu te vi, Deus me mostrou que tinha um plano em sua vida".

Então pensei comigo: *Existe a Mãe Diná. Esse deve ser o Pai Diná.*

Ele só me perguntou: "Você crê na Bíblia?".

Eu disse que sim, claro que sim. Mas eu acreditava nos "chavões" como: "Se Deus é por nós, quem será contra nós?", ou "O Senhor é meu pastor e nada me faltará" – esse minha mãe tinha colado nos potes em que guardava comida.

Quando cheguei ao seminário, a matéria era Cristologia e eu ouvia conversas e assuntos como "Tudo o que foi encoberto será descoberto" (Lc 12:1-7). Eu entrava em choque, porque o que eu tinha vivido até então era muito diferente daquilo. Sempre chamava o professor pra tirar minhas dúvidas e ele, com muito amor, me explicava: "Vai chegar um grande dia em que todo joelho se dobrará e terão de confessar que o Senhor é Deus; e teremos de dar conta diante de Deus de tudo o que foi falado e feito" (Rm 14:11). Quando ouvia isso, eu me abalava, ficava com medo, mas sempre fugia daquelas ideias, como se aquilo não fosse comigo.

Naquele tempo, eu tumultuava, era arrogante, extravagante e adorava "bater de frente". Certa vez, li em uma das apostilas: "Não tenham medo daqueles que matam o corpo, mas não podem matar a alma".

Quando li, levantei, falando alto no meio dos seminaristas, batendo no peito e dizendo: "Aê, professor, então a Bíblia também é pra nóis, que somos da rua, que somos criminosos. Porque isso aqui não foi a igreja que me ensinou; eu aprendi no dia a dia das ruas". O professor, muito sábio, disse: "Por favor, Mano – era assim que ele me chamava –, você também aprendeu que ler um versículo isolado é um ótimo pretexto para pregar ou concluir o que não existe; pior, apenas um pedaço de uma referência. Venha até a frente e vamos ouvir você ler o versículo inteiro e ver a conclusão do texto inteiro".

Fui até a frente e comecei a ler em voz alta; fiquei feliz, pois no início a Bíblia dizia o mesmo que a referência: "Não tenham medo daqueles que matam o corpo, mas não podem matar a alma. Porém..." – esse "porém" fez minhas pernas tremerem e a testa suar –, "... tenham medo de Deus, que pode destruir no inferno tanto a alma como o corpo" (Mt 10:28 – NTLH).

Esse tipo de confronto era normal na turma de seminaristas; eles adoravam ver que a própria Palavra me colocava em meu lugar.

Difícil a batalha que eu travava comigo mesmo, pois nessa época eu ainda tinha minha biqueira, ainda acreditava nas regras das ruas e cantava sobre essas "regras". Acreditava a ponto de defender tudo isso com a minha vida. Tudo o que eu aprendia no seminário batia de frente com o que eu acreditava ser certo, mas, ao mesmo tempo, tudo aquilo me fazia muito bem mesmo.

Às vezes, por poucos momentos, meus conflitos cessavam, as guerras das ruas saíam da minha cabeça, e eu sentia de verdade a paz que aquele povo transmitia ao me ensinar.

NUNCA QUIS ACREDITAR QUE ALCANÇAR O PERDÃO PERANTE DEUS FOSSE MAIS FÁCIL DO QUE EU MESMO ME PERDOAR; MAS ESSA É A VERDADE.

Eu defendia uma mentira que acreditava ser verdade – foi assim que me ensinaram. Quando comecei a estudar a Bíblia, me dei conta: tudo o que havia aprendido ser verdade era um engano. Eu me confrontava a cada momento, pois acreditava ter Jesus, e que Deus "corria" comigo, mas na verdade "aquele que negar a Jesus também será negado no céu" (Mt 10:32,33).

No início eu queria bater de frente, e então questionava: "Professor, quem seria capaz de negar a Jesus? Quem seria contra tudo o que Ele nos ensinou?".

Como o professor era sempre muito sábio e tinha a intenção de me ganhar e assim poder me ensinar, citou uma pessoa como exemplo: eu mesmo! E disse: "Você nega a Jesus, pois, todas as vezes que convidamos você a aceitá-Lo e segui-Lo, você diz que não é a sua hora. Se Jesus voltar para você, certamente você também será negado no céu, pois O nega perante os homens". Claro que o questionei: "Como Jesus vai voltar pra mim? Se me ensinou que Jesus vai voltar para Sua Igreja?" (1Ts 5:1-4).

Eu glorifico a Deus pela paciência e pela sabedoria daquele professor. Ele mostrava conhecer verdadeiramente a Palavra: "Se por acaso você levantar do seu lugar, sair, tropeçar numa pedra, bater sua cabeça na guia da calçada e eventualmente morrer; pronto, Jesus voltou pra você".

Esse tipo de comentário me fazia pensar, pois eu não corria só o risco de escorregar e bater a cabeça; na vida que eu levava, estava pronto pra uma guerra – como eu disse, defendia minhas verdades com a minha vida, ou, se necessário, com a morte de outra pessoa.

Imagina em um ano, três vezes por semana, quatro horas por dia ter o privilégio de ouvir esse professor e aprender tanto com ele. Comecei a perceber que era ignorante em relação ao conhecimento que tinha de Deus. Um exemplo de minha ignorância: reuniam-se de quinze a vinte pessoas mal-intencionadas em um dia favorável do mês. Juntos, antes de sair pra trabalhar (eu chamava de trabalho o ato de roubar), fazíamos um círculo e orávamos o Pai-Nosso. Eu, filho de crente e sabendo disso, me via pedindo, de coração, pra que Deus não permitisse que as vítimas reagissem, a fim de não haver derramamento de sangue.

Eu acreditava realmente que Deus de alguma forma compactuava com o que eu acreditava ser certo. Agora, olhando pra trás e escrevendo sobre isso, fico impressionado com o que falávamos – um incentivando o outro: "Vamos pra guerra para perder ou ganhar; se ganhar, está favorável, mas se perder, estaremos preparados, pois o coração de um bom malandro não bate, balança, e o lugar dele é na sola do pé".

Enterrei amigos que amava e perdi pessoas que admirava, mas não derramei uma lágrima sequer, só para provar que acreditava no que eu vivia.

Nesse tempo existia uma banca que se chamava Cartel HT, pessoas que foram muito importantes pra mim e que entraram em minha vida por meio do rap. Também conheci um povo que aprendi a amar, no Jardim Imbé – povo que prefiro não nomear –; que marcou minha história. Daríamos a vida um pelo outro – citávamos uma famosa frase, famosa pelo menos pra nós: "Onde o seu pingar o meu vai jorrar". Lembro com tristeza, pois perdi vários desses amigos.

Comecei a perceber que os valentes estavam dando espaço para uma safra nova de algo que nunca vai acabar. Com a ajuda do Evangelho, comecei a pôr na minha cabeça que era a hora de parar, ou pelo menos diminuir. Toda segunda-feira eu pensava: *Tô parando*. Na terça, já estava com esse pensamento mais forte. Mas na quarta e na quinta, a neurose tomava conta. Por fim, na sexta e aos fins de semana, as gandaias me arrastavam e uma forte voz dentro de mim gritava: "Você é um monstro, nasceu pras pistas!".

Quando iniciei o curso de Teologia, essa voz enfraqueceu e outra começou a surgir dentro de mim, como se fosse um debate. Enquanto uma gritava "Você vai para o inferno, fez muitas coisas ruins para os outros", a outra dizia "Nenhuma condenação há para quem está com Jesus".

Nesse tempo, passei uma dificuldade muito grande, parecia que tinha chegado a hora de eu colher tudo o que havia plantado. Foi quando saí definitivamente do lugar em que morava, pois estava sofrendo suborno; desfiz de muitas coisas que tinha, como carros e uma padaria, pra não perder a liberdade, pois ela valia tudo o que eu tinha.

Fiquei durante um ano no curso sem tomar atitude de aceitar realmente a Jesus como único e suficiente Salvador da minha vida. No começo, só acreditava em "chavões". Porém, depois de um ano, eu percebi, com a ajuda do Evangelho, que deveria tomar uma atitude — e essa escolha não poderia ser feita por mais ninguém, só por mim. Se eu prosseguisse com a verdadeira mudança, teria que mudar muitas coisas em minha vida.

Ao meu redor, coisas paralelas aconteciam. Quando fiz o clipe da música *Baseado em fatos reais*, conheci um pessoal que participou dele como coral. A partir de então, essas pessoas sempre me convidavam pra assistir a cultos na igreja deles. E, por muitas vezes, quando me trombavam na rua, passavam madrugadas inteiras falando o que Deus poderia fazer em minha vida.

Bem à época em que comecei a renunciar meu passado e tentar seguir um novo caminho, como de costume, fui abordado e me pediram certa quantia em dinheiro. Naquele momento, mesmo que eu quisesse dar o dinheiro, eu não o teria. Então, me colocaram no **chiqueirinho da viatura**. Ali, eu ouvi *os pulícia* falarem a forma como iriam me matar. Um falou que me mataria com um tiro; o outro, que iria me sufocar com um saco na cabeça; outro, que me bateria até a morte.

NAQUELE MOMENTO, SE PASSAVA UM FILME NA MINHA CABEÇA – ESSAS SÃO AS HORAS EM QUE A GENTE SEMPRE PENSA QUE DEVERIA TER PARADO.

Aquilo parecia uma eternidade. Quando me tiraram, me puxaram pelo moletom, me jogaram no chão. Fui chutado, tomei coturnadas – só senti as primeiras, pois chega uma hora que para de doer. Então me largaram numa quebrada chamada Morro da Lua, onde ficam as antenas da Eletropaulo, próximo ao Parque

Arariba – onde eu conheci uns meninos do rap, que, inclusive, me levaram pra casa da minha mãe.

Lembro do rosto da minha mãe quando me olhou e chorou. Simplesmente apaguei ouvindo ela dizer: "Pega o RG do irmão dele, vamos levar para o hospital. Veja se ele está baleado".

MINHA MÃE PASSOU TANTO TEMPO NESSA VIDA COMIGO, QUE APRENDEU DIREITINHO.

Como foi terrível essa fase, pois não conseguia falar com a boca arrebentada nem ficar de pé com a costela trincada. Quem aproveitou bem essa época foi a minha mãe, pois se tornou evangelista de tanto que pregou pra mim.

DEUS QUEBRA E TRABALHA DO JEITO DE

EU SOFRIA; minha vontade era ir embora, mas não conseguia ficar em pé. Minha vontade, como sempre, era gritar: "Cala a boca, mãe!". Mas não conseguia falar. Então ela aproveitava e abusava da situação, e lia a Bíblia. Imagina uma semianalfabeta lendo um versículo! Demorava em média cinco minutos – e o pior não era a leitura, e sim o louvor. Pensa numa véinha desafinada... Agora põe uma dentro da outra e multiplica por cinco – essa era minha mãe cantando.

Tem um louvor que ela cantava cuja letra somente hoje entendo – teria pulado uma enorme má fase da minha vida se tivesse dado atenção à letra, que dizia: **"QUERO QUE VALORIZE O QUE VOCÊ TEM, VOCÊ É UM SER, VOCÊ É ALGUÉM TÃO IMPORTANTE PARA DEUS".**

Nesse tempo, o pessoal da igreja com quem eu gravei o clipe veio me procurar mais uma vez. Eles me chamavam para cantar nas escolas e usavam o nome Detentos do Rap para chamar a atenção da galera e encher o local de gente. Eu pedia dinheiro e eles pediam, antes da nossa apresentação, que o bispo deles pregasse o Evangelho e fizesse um tal de "apelo": orasse para que as pessoas aceitassem a oração. Lembro que quando o bispo começava a pregar, nós já estávamos preparados no palco – quando ele falava sobre família, eu era o primeiro a tentar disfarçar o sentimento, pois não queria que me vissem chorando, não na frente do meu público.

O que mais me chamava a atenção é que aqueles jovens, que na maioria das vezes estavam com cigarro de maconha ou garrafas de bebidas nas mãos, sem exceção, largavam as drogas, tiravam seus bonés e respeitavam demais o momento da oração. Depois eu vinha pra fazer a minha parte, só pelo dinheiro, e achava que estava fazendo o bem.

QUANDO EU ESTAVA QUEBRADO e deitado em um sofá, a última visita que eu gostaria de receber era de mais um crente. Mas então ouvi um grito vindo lá da rua: "Mano Reco!". Pensei, por conhecer a voz, que era o Gordão. *Que não seja, que não seja, que não seja.* Mas minha mãe já havia aberto o portão falando: "Entra, irmão!". Quando me liguei que era ele, quase levantei para correr. Mas não tinha como, né? Quando ele viu minha situação, a primeira pergunta foi se ele poderia orar por mim. Minha mãe explicou que eu não estava falando, mas respondia "sim" ou "não" piscando os olhos – se sim, eu piscava; se não, eu mantinha meus olhos abertos. Ele olhou nos meus olhos e me perguntou: "Posso orar por você?". Tenho certeza de que não pisquei, mas quem consegue manter os olhos abertos mais de um minuto? Não teve jeito... Mais uma oração, vocês conhecem a maneira fervorosa como um pentecostal ora, então não preciso falar mais nada, né?

Depois da oração, ele me perguntou se eu poderia fazer uma visita em sua igreja caso ficasse bom em menos de duas semanas. Aí pisquei na hora, pois minha vontade era que acabasse com aquilo tudo e fosse embora logo. Não bastava minha mãe me enchendo, e agora também ele. Só que ali fiquei devendo uma visita para ele, pois dei minha palavra quando pisquei.

MINHA MÃE NÃO DORMIA, e depois ia trabalhar "só o pó". Minha vizinha, que chamo de "mãe preta", ajudava minha mãe a cuidar de mim. Ela é mãe do Nilton e do Nil Black e sempre a chamei de "Dida". Minha mãe tem sessenta e poucos anos de idade, mas de vida ela tem só doze, que é o tempo em que estou na igreja. O resto da vida ela passou sofrendo comigo – vagabundo que merecia a morte. Vários vinham e falavam para ela: "Dona Lola, esse não tem mais jeito". Mas ela sempre acreditou na promessa de Deus – apesar de às vezes se mostrar muito cansada daquela vida.

QUANDO FIQUEI BEM, fui atrás de uns "amigos" para quem liguei pra fazerem uma correria comigo e levantar um dinheiro pra não me levarem preso, porque falavam que matavam e morriam por mim.

Mas, quando liguei do **bodin dos pulícia** desesperado, já falando que estava na mão deles e que precisava de uma grana pra ir embora, o que eu ouvi foi: "Mano, eu tô duro", e de outro: "Tô longe". Meu pensamento foi: *O que tá duro comprou uma* **nave** *ontem, e já quase perdi minha vida pelo que tá longe.* Mas firmeza, quando falei *pros pulícias* que podiam me levar preso, que não arrumei nada, me colocaram em um **corró** da viatura e fizeram o que fizeram.

Quando fiquei bom, fui correr pra saber por que não me ajudaram, fui bater de frente. Eu tinha sumido, e divulgaram até na rádio que eu havia morrido. Fui pra todos os lugares, menos para a igreja; voltei logo pra bagunça, mas comecei a pensar na minha vida. Nesse tempo, lançamos um CD chamado *Amor... só de mãe. O resto é puro ódio.* Nesse CD, tinha uma música com o mesmo nome – homenagem à minha mãe, pelo que ela fez por mim. Ao ver uma parte da letra, dá para entender o sentimento que tive em algumas visitas...

AMOR... SÓ DE MÃE.
O RESTO É PURO ÓDIO.

Vai vendo, quando estou no veneno,
preciso de uma ideia, não vejo ninguém.
Familiares, parceiros, só pensam no que convém.
Não caí e aí, ladrão? Sei muito bem quem foi por mim.
Só Deus sabe o que eu passei, meu amor é de mãe. Só.
Penso assim.

São vários os patifes que apertam minha mão,
me chamam de irmão, mas viram as costas quando
a necessidade bate no meu portão.
Eu sempre corri pelo certo; não sou Deus pra ser todo correto.
Não abaixo a cabeça pro meu desafeto. [...]

Dificuldades eu passei, mas eu resisti às artilharias que,
por sinal, c%z#@, foi fracas demais.
Eu acreditei, eu acredito que a moral não se ganha, se faz,
corri atrás, pois não vou dá asa pro inimigo.
Viveu, mas não viverá pra ficar no nosso ritmo. [...]

Parceiro só Deus, nEle a única confiança.
E nela é o único amor, é a fonte desde criança.
Não temo, pois, em algum lugar,
sei que Deus está olhando por mim. [...]

O amor é só de mãe...
– Alô!
– Alô, filho? É a mãe, onde é que cê tá?
– Oh mãe, tô fazendo uns corre pros parceiros
que foi preso num assalto ali.
– Assalto? E você, como é que cê tá?
– Tô bem, mãe. Depois de fazer uns corre com a mãe do parceiro ali,
entendeu? É o seguinte, caiu no esquecimento. Mas aí, tá preso, mas
não tá morto não... Tá preso, mas não tá morto, entendeu?
– Tá bom, filho. Deus te acompanhe. [...]

Três anos se passou e a loira tingida trabalha num 12.
Que valor que isso tem agora? Já matou pela v@3% e, nos dias de hoje, seus filhos estão jogados de aviãozinho na amargura.
Que que você quer pra ele, a mesma tabela ou a mesma loucura?
Truta, agora percebe as pessoas que você deu valor,
enquanto aquela que merece implorava pelo seu amor.
Do que adiantou as noitadas com as v$g&5d@s que só queriam dinheiro? E quantos mil reais na cena, mas é só ela que está sofrendo.

Bandido, reflita na ideia, raciocina porque o caminho é constante, sem liberdade, sem aliado, mas com amor, que é de mãe. [...]

– Saiba, filho que eu te perdoei. E pra te ver feliz, eu tive que chorar, só não quero lamentar, quero te ver voltar.
É f.... saber que já magooou quem mais te amava, por mais que respeitado no crime, v$g&5d0, agora se sente um nada parceiro.
O mundo dá volta e é sempre ela que vai te ajudar, por mais que a gente fale de irmão, é só nela que dá pra confiar. [...]

Entende agora, v$g&5d0, por que o amor é só de mãe?
Viva por ela, dê valor naquela frase: "Deus te acompanhe".
Aí dentro, quem manda seu jogo, está sempre presente em dia de visita, quem desmaiou e quase morreu de enfarte com a notícia?
Desamparada, chicote estralando dentro da prisão e a tropa de choque batia. E só ela com o coração na mão, sabendo que quem não senta pra aprender, jamais ficará de pé pra ensinar, e que o crime: ele é o que é, mas ele jamais vai admitir as falhas.
Ela pede a Deus que sempre te ilumine, que te acompanhe, o exemplo é pra você, v$g&5d0.
E o amor é só de mãe.
– Não me lamentei quando até matei vendo lágrimas de mãe que fiz rolar, mas só eu sei tudo o que eu passei quando pra vida do crime tive que voltar.

POR ESSAS E OUTRAS, quando a palavra de Deus me batia fundo, eu sentia que algo era preenchido em mim, pois era muita decepção e um vazio gigante dentro da alma. Os amigões de verdade estavam presos ou mortos. Comecei a perder tudo o que tinha conquistado: vendi bens a preço de nada. Eu me sentia muito cansado de defender algo que estava me matando aos poucos. Sempre pensei que nem o meu pai poderia encostar a mão em mim, e no fim das contas, fui esculachado pelos pulícia. Mas tudo o que importava pra mim era falar pros manos: "Pelo menos tumultuei". Mano, que vida...

Aquele curso de Teologia pra mim foi a mão de Deus em minha vida. Tudo o que contei aqui é pra que outras pessoas saibam com que intensidade a palavra entrou em minha vida. Em um dos provões do Seminário, estava respondendo a uma questão que me deixou com uma dúvida. Depois que entreguei a prova, abri a Bíblia para ver se tinha acertado, e foi no livro Apocalipse que li o versículo que mudou meu pensamento de vez (Ap 20:15): "Se o nome de alguém não foi encontrado no Livro da Vida, este foi lançado no lago de fogo". Quando eu li isso, na hora chamei o professor e perguntei o que significava...

Ele me explicou: "Mano, é exatamente o que está escrito, só está como se fosse no passado porque foi uma revelação em que o autor escreveu o que ele via. Mas sabemos que o Apocalipse tem partes que já aconteceram, outras que estão acontecendo, e ainda as que vão acontecer. Essas últimas, vão acontecer quando Jesus voltar, Mano. Ele vai abrir um livro chamado Livro da Vida, e todos que não tiverem o nome escrito nele serão lançados num lago de fogo".

Em choque, perguntei: "Professor, meu nome tá no Livro da Vida?". Com toda calma, ele respondeu que não. Eu questionei: "O que tenho que fazer para pôr meu nome no Livro da Vida?". O conselho logo veio: "Simples, Mano. É só aceitar o que Cristo fez por você".

E eu continuei questionando: "Professor, minha vida inteira ouvi minha mãe falar pra mim sobre aceitar Jesus. Mas me explica, teologicamente, o que é aceitar Jesus".

Ele explicou: "Simples, Mano. Aceitar Jesus é você crer que Deus criou o céu, a terra, o mar e tudo que neles há. E crer que Jesus veio para te livrar do pecado que Adão deixou na terra. Por isso, Paulo chama Jesus de segundo Adão. Você já aprendeu sobre isso".

Eu retruquei: "Se crer é acreditar, eu creio em tudo isso aí. E agora, meu nome tá no Livro da Vida?".

Ele me disse que não, o que retruquei, muito bravo: "Então tá me tirando... Você disse que se eu crer nisso, já era".

A pergunta seguinte dele foi muito simples: "Você crê na Bíblia?".

Eu disse que sim. Aí ele citou Romanos 10:10: "Se você crer, sentir no coração e confessar com sua boca, então será feito filho de Deus".

Aí fiquei mais bravo ainda: "Aprendi a vida toda que todos nós somos filhos de Deus, e agora você vem com essas ideias, dizendo que não".

Ele não deixou barato: "Então você aprendeu errado a vida toda. Todos somos criaturas de Deus; passamos a ser filhos quando aceitamos o que o Filho de Deus fez".

Claro que ele estava tentando me explicar justamente o que hoje tenho ministrado: que fomos feitos para ser filhos de Deus, mas Adão deu mancada e

A VERDADE DÓI, MAS LIBERTA

Ellis Maas, andando a pé...
Porque carro eu perdi, né? Que não era meu.
O diabo dá com a mão e tira com a outra. Você tá ligado.
Andando a pé, no maior veneno,
eu lembrei que alguém falou pra mim:
"Meu, Deus tem um plano na sua vida"
Eu lembrei das véinha, aquelas mulher que só anda de coque...
Tá ligado? "Deus tem um plano na sua vida" e pá, e eu, "para".
A minha mãe me falava de Deus, eu falava:
"Aí, se seu Deus me der cem reais eu vô pra igreja".
O barato é louco, né?
Mas, irmão, na situação que eu tava eu precisava fala com alguém.
Eu vou falar com quem, truta?
Vou falar com o meu parceiro? Com os meus amigo?
Com as mina que eu catava? Vou falar com quem?

perdemos muitas coisas com isso – uma delas é esse direito de sermos filhos de Deus, e Jesus foi o único que conseguiu estabelecer isso de novo, com sua vida na terra, a morte e a ressurreição.

Com esse pensamento, entendi que realmente teria que tomar uma atitude para me entregar de verdade e pôr o meu nome no Livro da Vida.

SABE O EVANGELISTA pra quem fiquei devendo uma visita? Veio em minha cabeça na hora, até parece uma música que eu canto, *A Verdade dói, mas liberta*.

Na situação que eu tava, irmão, com o coração arrebentado,
eu resolvi fala com Deus, irmão.
Quando eu entrei naquele lugar, uma pessoa já veio,
me abraçou, falou que me amava, não entendi nada.
Porque nem minha família acreditava mais em mim, truta.
Comecei a chorar e resolvi falar com Deus.
E aí, foi só lágrima, o baguio foi loco. E eu disse:
"Pai, quantos espinhos eu pisei?
Senhor, não foi fácil, mas eu cheguei.
Muitas pedras me atiraram. Sei que errei
Muitas lágrimas rolaram, mas já sequei.
Me ajoelhei, chorei, clamei.
Eu caí, mas me deu forças pra levantar outra vez;
Senhor, sei que pra Ti tenho valor.
E que posso confiar no Seu imenso amor.
Porque mesmo sendo pecador, me amas como sou, Senhor"

A vida inteira pensei do meu jeito e fiz tudo como eu queria, e até então nada tinha dado certo. Esses pensamentos me faziam apressar os passos. Quando cheguei na porta da igreja, o mano que sempre me convidou estava lá na porta. Assim que me viu, parecia que havia ganhado na loteria – deu um sorriso e veio ao meu encontro com os braços abertos, e me abraçou (imagina quanto tempo fazia que não recebia um abraço daquele; ao mesmo tempo que era um abraço de urso, era um abraço com amor). Minha cabeça foi a mil, porque dentro de mim uma voz falava: "E aí, monstro, seus parceiros vão passar e ver você atracado nos braços de outro homem e vão falar 'Olha lá! Tá virando mulher!'".

E depois que eu falei com Deus, irmãos,
parecia que já não existia mais nada ao meu redor.
Comecei a ouvir as pessoas a orar, o pastor falava,
já não era mais com todo mundo, mas era direto no meu coração.
Parecia que era tudo pra mim.

"Jesus é o Caminho, a Verdade e a Vida.
Ninguém chegará ao Pai a não ser pelo Filho.
E nesta noite de hoje, você que entrou por esta porta,
não foi por acaso e nem por qualquer maneira.
Porque o Senhor dos Exércitos tem uma obra pra fazer na sua vida.
E você que gostaria de aceitar Jesus como grande Salvador da tua vida,
repita essas palavras comigo:
'Senhor, nessa noite de hoje, eu entrego a minha vida em Tuas mãos,
escreva o meu nome no Livro da Vida'.
E essas pessoas que aceitaram Jesus como o Grande Salvador,
eis que o Senhor faz novas todas as coisas em teu viver."

Mas outra voz gritava dentro de mim: "É o próprio Deus quem tá te dando esse abraço".

NAQUELE MOMENTO, SÓ PENSEI NA MINHA MÃE, POIS FAZIA ANOS QUE EU NÃO A ABRAÇAVA E POR MUITAS VEZES ELA DEIXAVA CLARO EM NOSSAS DISCUSSÕES: "MEU SONHO É ABRAÇAR MEU FILHO, E NÃO ESSE MONSTRO EM QUE VOCÊ SE TORNOU".

O mano da igreja me disse: "Que bom que você veio, a gente só quer cuidar de você".

A voz falava dentro de mim: "Para, tio. Quem cuida de você é as pistola, você é monstro". Mas tinha a outra voz: "Calma, baixa a guarda".

O mano continuava dizendo: "Você é importante para nós".

A minha vida eu entrego em Suas mãos,
a minha lágrima, como uma oração.
Porque mesmo sendo pecador, me amas como sou, Senhor.

Irmão, a partir daquele dia minha vida mudou completamente, cara.
E eu não precisei mudar de roupa, mudar de estilo de falar.
Eu não precisei largar o rap nacional,
a única coisa que eu tive que aceitar
é que Cristo veio pra livrar eu do pecado.
A única coisa que eu tive que mudar é o meu coração,
porque agora eu nem te conheço, mas eu posso fala pra você:
"Eu te amo, muleque; eu te amo, mina.
E você precisa aceitar Jesus e fazer parte desse patamar.
porque Deus está te chamando."

E assim começou Mano Reco, a jornada.

E a voz continuava: "Para, tio, você é importante pra quebrada, pras famílias pras quais você dá cestas básicas no final do ano, para as véinhas para quem você intera as contas de água".

Eu achava que isso era fazer o bem, o que me tirava um peso enorme da consciência – fiz muita coisa errada, e sei que as obras não mudam nada e sem a fé na Verdade elas morrem.

A voz gritava dentro de mim: "Chega! Deixa eu cuidar de você".

Quando o mano me soltou do abraço, veio uma mistura de medo e brabeza, porque além de passar um filme na minha cabeça, filme do qual não entendi nada, eu me peguei chorando nos braços de um cara que pouco me conhecia. Pensei comigo: *Vou entrar aí pra dentro e fazer o que vim fazer (escrever o nome no Livro da Vida), e sair rápido daqui.*

Entrei e sentei no primeiro banco; parecia que alguém tinha caguetado a minha vida ao bispo que estava pregando, pois tudo o que ele falava sobre a palavra era aplicado à minha vida. Na oração eu senti uma mistura de medo e curiosidade sobre o que eu estava sentindo. Aquele povo orava alto e eu pensava: *Meu Deus, que medo!*

E alguém atrás de mim orando em voz alta falava: "Não tema, que sou contigo, não te espantes eu sou teu Deus".

O cabelo da minha nuca e dos meus braços arrepiavam, meu coração disparava e quando eu pensava qualquer coisa, alguém em voz alta respondia. Comecei a ficar com medo. Quando pensei em ir embora, veio uma véinha rodopiando, pôs a mão no meu peito e disse: "Não temas, pois sou contigo, não te assombres, pois sou teu Deus". Mesmo que aquela senhora tivesse decorado o texto de Isaías (41:10-20), naquela idade, por ela mesma nunca teria falado tão perfeitamente. Naquele momento, ela falava com um cara que nunca havia acreditado em nada, a não ser em si mesmo.

É como costumo dizer... Já saí na mão por causa de pipa, chutei fliperama para devolver minha ficha, cresci gritando "manda busca" quando soltava pipas – onde eu cresci, o que mais tinha era rabiola presa nos fios. O que quero dizer com isso é que nesse dia eu pude ver que o mundo espiritual realmente é mais real que o físico.

Depois da oração, o bispo pediu para cantarem um louvor. Eu me lembro que, no primeiro toque do teclado, desabei a chorar, tentei disfarçar e por duas vezes disse para Deus: "E aí, Deus, vai me fazer virar mulher?".

Então eu pude aprender na prática algo que só tinha visto na teoria: que emoção é totalmente diferente da virtude do Espírito Santo, pois emoção eu consigo cortar com outros pensamentos, mas a virtude ou a presença do Espírito Santo não se controla. Nessa hora, chorei como criança, tentei por muitas vezes parar, mas não adiantava, não tinha forças. Eu não chorava, eu uivava – estava fora de controle. Sentia que Deus estava ao meu lado, e esvaziava uma sacola que tinha enchido desde os meus dezessete anos. Nela, tinha angústias, decepções, frustrações, mágoas, ódio, vingança, desejos de justiça com as próprias mãos. A cada hora que eu gritava, parecia que a sacola se esvaziava mais. Quando voltei a mim, estava de joelhos em frente ao altar com as mãos para cima e repetindo o que o bispo falava. Realmente senti no meu coração e confessei com a minha boca que Jesus é o único e suficiente salvador da minha vida.

LÁ DENTRO ERA TUDO MUITO BONITO, MUITO MÁGICO, MAS, QUANDO EU SAÍ DAQUELE LUGAR, EU ME DEPAREI COM A REALIDADE JOGANDO NA MINHA CARA QUE AGORA EU NÃO PODIA MAIS ERRAR. EU ME SENTIA FELIZ PELAS DECISÕES QUE EU TINHA TOMADO, E AO MESMO TEMPO FRACO PORQUE A VONTADE DE PERMANECER COMO O VELHO HOMEM AINDA ERA MUITO FORTE. RENUNCIAR NÃO É FÁCIL, MUITO MENOS RENUNCIAR AO QUE VOCÊ É (ERA ATÉ ENTÃO).

COMECEI A CONGREGAR na igreja do "Gordão", a Igreja Evangelho Pleno, onde aceitei Jesus, onde tive o verdadeiro encontro com Ele. Lá conheci o Adriano, que por muitos anos andou comigo e foi *backing vocal* no meu ministério de louvor; conheci também o pessoal do Coral Comunhão Black, o mesmo que gravou o clipe *Baseado em fatos reais* comigo, com o qual comecei a andar. Onde encontrei muita gente boa e com muito talento, como o Ricardo (Maché), de um grupo de samba chamado Terceiro Céu, que tinha um trabalho superinteressante de evangelismo nas escolas. Ele sempre me chamava pra ir, e era bacana porque o Maché nunca deixou de me evangelizar.

Essas pessoas passavam madrugadas conversando comigo, falando que valeria a pena renunciar a tudo, e eu achava interessante. Um dia esse cara, andando de carro, me viu saindo do culto e, antes de ele atravessar o farol, parou e disse: "Reco, posso te falar uma coisa?". Eu concordei e ele continuou: "Olha, Mano, talvez você não vá entender isso agora, mas um dia você vai entender: não olhe pra ninguém, cara. Olhe só pra Jesus". Eu dei risada e respondi: "Tá bom". Dei um abraço nele e saí fora. Anos depois eu vim a entender a mensagem...

O tempo foi passando, *os barato* foram acontecendo e vi essas pessoas cuidarem de mim. Aos poucos surgiram as oportunidades, justamente por causa das renúncias que eu vinha fazendo.

Mas eu ainda tinha muita coisa pra mudar. Ainda era muito mulherengo, e fui ministrado demais sobre isso. A minha maior dificuldade foi quando o pastor disse que eu teria que mudar esse jeito de ser. Foi difícil porque em toda cidade que eu ia, eu conhecia uma pessoa e me envolvia com ela. Parecia que meu coração era de todo mundo. Foi complicado renunciar, pois eu tava acostumado com uma vida desregrada, e pra eu regrar isso tudo de uma hora pra outra parecia impossível.

Cerca de um ano depois que aceitei Jesus, eu entendi o que era o batismo e resolvi me batizar. Quando contei pra minha mãe, ela disse: "Essa eu quero assistir de perto". Eu lembro que ela sentou ao lado do "Maché", aí quando eu desci do busão ele me contou o que ela tinha dito.

"HOJE É O SEGUNDO DIA MAIS FELIZ DA MINHA VIDA. O PRIMEIRO DIA FOI QUANDO ELE NASCEU, PORQUE ELE FOI UM MILAGRE, E HOJE EU VOU VER O MEU MILAGRE MORRER, MAS VAI MORRER PRO MUNDO E VAI NASCER PRA VIDA DE VERDADE."

Essa parte até me emociona, porque ali eu tinha certeza do que eu queria fazer. Muitas coisas aconteceram até eu decidir me batizar, quase voltei atrás, tomei várias decisões erradas. Eu não acreditava que tinha mudado de verdade. Lembro que muita gente desacreditou que eu firmaria os cavalos no Evangelho, amigos meus falavam que quando eu ficasse duro ou passasse veneno eu voltaria pra vida errada.

Quando o pastor pregava, a cada vez que falava sobre ser melhor, minha cara queimava, porque eu nunca me tornava melhor. Ele dizia: "Seja uma boa pessoa esta semana; não minta, não roube". Por muito tempo, eu ouvia isso e me sentia mal, porque eu queria ser uma pessoa melhor e não conseguia.

A briga entre o velho e o novo homem era intensa em cada pensamento. Apesar de estudar Teologia, de um ano de convertido e de ter me batizado, eu ainda estava muito novo neste processo, pois relutava muito, não acatava tudo que o pastor falava. O bispo Nivaldo teve que ter muita paciência comigo.

LOGO APÓS O MEU BATISMO eu conheci o bispo Leonardo Mota e a pastora Célia Mota, fundadores da Comunidade Cristã Amor e Fé – igreja na qual eu congrego até hoje. Eu fui muito bem acolhido na Igreja Evangelho Pleno, e lá entreguei minha vida para Jesus, mas percebi que, para avançar mais, eu precisava de um tratamento de choque, mais rígido, tradicional, então mudei de igreja. Eu fui pra lá cheio de dúvidas, cheio de maldade ainda, e foi aí que entrou o meu "paistor".

Quando eu encostei lá, nessa igreja, uma das primeiras perguntas que a pastora fez foi: "E aí, você canta, você prega muito bem, mas quem é a sua esposa?". Quando falei pra ela que eu não tinha esposa ou uma namorada, mas algumas namoradinhas, senti que era a hora de mudar. Ela falou que não existe ministério sem família. Eu realmente tava precisando ouvir isso; falei que eu não tinha condições e ela disse: "Não seja por isso, pode deixar que a igreja vai fazer de tudo, porque você é uma bênção e seu ministério é lindo, mas precisa ser completo".

UM DOS MAIORES CHOQUES que eu tive foi quando eu, saindo daquele lugar, dei a notícia pra minha mãe: "Mãe, eu aceitei Jesus". Ela simplesmente olhou pra mim e disse: "É mesmo!?". O que eu esperava é que ela saísse pra rua e soltasse fogos de artifício, ou no mínimo saísse feliz e me desse um abraço.

MINHA MÃE TEM SESSENTA E SEIS ANOS DE IDADE, MAS DE VIDA ELA TEM SÓ DOZE, QUE É O TEMPO QUE EU ESTOU NA IGREJA; O RESTO DA VIDA DELA FOI CORRENDO ATRÁS DE UM FILHO QUE MERECIA A MORTE.

Não bastava mais eu falar, porque eu já falei minha vida inteira. Pois, quando acabavam os fins de semana, toda segunda-feira eu pensava: *Eu vou mudar.* Chegava terça: *Eu vou continuar firmão.* Mas quando chegava na quinta, na sexta, eu já estava fazendo tudo o que eu disse que não faria mais. Dessa vez era verdade, mas quem iria acreditar na minha verdade, se, na verdade, eu nunca tinha falado uma verdade?

Quando minha mãe me olhou e disse: "É mesmo!? Parabéns", foi difícil entender, mas atitudes valem mais do que mil palavras, e somente elas poderiam provar a minha conversão.

Eu levantei a mão naquela igreja não pra fazer um pacto com um homem, mas naquele dia eu levantei a mão e me entreguei pra um Jesus que passei a conhecer de verdade. Foi diferente... tem sido diferente desde então.

AMOR NÃO É SÓ DE MÃE

NUM CERTO MOMENTO da minha vida, senti um vazio tão grande, que parecia haver um abismo que me separava de qualquer sentimento afetivo com família ou amigos. Eu mostrava para todos que eu era mesmo um monstro.

Essa distância abriu uma ferida que nunca sarava, me deixava carente e ao mesmo tempo revoltado com tudo e todos. Parecia que sempre estava faltando um pedaço enorme em mim e que só poderia ser preenchido com algo muito valioso, como um tesouro.

Eu procurava esse tesouro em tudo, a ponto de pagar pra fazer qualquer coisa e tentar preencher o que faltava em mim.

Foi então que mais magoei pessoas, pois nos relacionamentos que tive eu só pensava em mim. Procurei em várias mulheres esse tesouro, pegava algo delas e não entregava meus sentimentos; quando caía em mim, lá estava eu machucando mais alguém, com palavras e atitudes cruéis.

Pessoas vazias procuram outras com o mesmo vazio para preenchê-lo.

Os palcos me deixavam popular; as multidões, arrogante. Eu me tornava cada vez mais conhecido, principalmente nas periferias de todo o país, porque minhas músicas tocavam nas rádios. Isso facilitava o acesso às mulheres, tinha uma facilidade grande de manipular e fazer acreditarem em mim – tive muitas namoradas ao mesmo tempo, comprei várias alianças e firmava compromissos com todas, fazia muitos shows em cidades distantes e sempre me envolvia com mulheres dessas cidades. Procurava preencher esse vazio que sentia em cada uma delas, porém encontrei apenas prazer momentâneo, que me deixava cada dia mais frustrado e trazia mais angústia do que paz.

Estava cada vez mais longe desse tesouro que procurava em tudo e todos. Estava cego a ponto de não perceber o mal que fiz pra tantas meninas de família. Muitas madrugadas me pegava dentro do carro viajando quilômetros pra conhecer mulheres das quais nem sabia o nome. Aquela situação era um vício: estava totalmente descontrolado, mas não enxergava assim. Era como se essa vida desregrada fosse normal, a ponto de me relacionar, ao mesmo tempo, com mãe e filha, irmãs e amigas entre si.

IRONIA FOI CONHECER uma pessoa pra me relacionar cuja mãe é uma policial! Conheci através de um mano que abastecia uma das biqueiras que arrendei em uma época. Ela me ligava direto em um telefone que eu tinha da Vésper, a gente passava um tempão jogando conversa fora. Finalmente o dia de conhecê-la, me envolvi de cabeça: negra, cabelo liso, magríssima, na época (risos), pele cor de jambo, cheiro bom, beiço grande e carnudo... Quando eu a vi, quis pra mim, mesmo tendo, na mesma época, vários relacionamentos. Esse teria uma diferença e de verdade me apeguei na tal da Kelly.

Sobre a mãe dela, sempre foi contra nosso relacionamento, porque sabia, sei lá como, quem eu era, com quem andava e coisas assim. Ela sempre dizia que não queria a filha envolvida com vagabundo, que ganhava dinheiro de maneira errada, falava que pagava cursos pra filha pra que ela pudesse ser alguém na vida. Chegou a mandar a filha dela pra Paraíba porque conseguiu provar que eu tinha outros relacionamentos. Por incrível que pareça, senti muita falta da Kelly nessa época, cheguei a dizer que se ela voltasse eu casaria com ela. Foi um tempo em que já estava tentando ser melhor.

Eu tinha um produtor no Detentos chamado André (chamávamos de Deco). Dei meu Vésper pra ele e disse que eu não queria mais atender às mulheres, pois eu ia mudar. Pedi muito a ajuda dele pra que eu conseguisse sossegar. Hoje o André (Deco) é pastor, um dos meus filhos na fé, e a Kelly é minha esposa. Sobre minha sogra... (risos)

No dia do meu casamento, foi ela quem entregou a noiva pra mim no altar, e eu falei no ouvido dela, enquanto a abraçava: "Não te disse que eu ia casar com tua filha?". Ela respondeu: "Sim, mas hoje você é gente!!".

NOS CASAMOS NA IGREJA, mas infelizmente ainda tinha muito para me livrar do velho homem... Na igreja eu era uma bênção, mas eu era bruto, um marido horrível; eu gritava, quebrava as coisas dentro de casa, agredia com palavras, com socos... Eu nunca fui exemplo de nada, e por muitas vezes quis acabar com tudo. Então Deus colocou em nossa vida, além do meu "paistor", outros exemplos de casais que tiveram sua vida transformada pelo Evangelho. Eles sentavam comigo e me ensinavam; me ajudaram demais me ensinando que o casamento não é uma competição, que se eu não aprendesse a ceder eu não chegaria a lugar nenhum. Não adiantava eu ser uma bênção dentro da igreja, mas um lixo dentro da minha casa. É muito fácil falar que eu sou bênção, mas eram as pessoas que tinham que reconhecer em mim uma bênção. Essas ministrações foram importantes pra mim.

Kelly me deu três lindos filhos que amo, o Gustavo (Guga), de catorze anos, a Emanuelly (Manu), oito anos, e o João Lucas, um ano e oito meses. Fora do meu casamento, tenho duas filhas: a mais velha, Geovanna Carolina, e a Larissa.

VOCÊ PENSA QUE FICOU TUDO BEM?

Não se engane. A guerra interna nunca acaba. É uma batalha por dia. O mundo tinha me ensinado: o que não me dessem eu poderia tomar. Agora, o ensinamento era que eu teria de suar pra ter algo. A rua havia me ensinado que o importante não era ser, era ter; e a Bíblia passou a me ensinar que o importante era apenas ser, porque não adiantava eu ter coisas só pra impressionar as pessoas que eu sequer conhecia. Então, nessa época foi uma briga interna boa, foi quando eu tive de aprender a ser homem. Não o homem que a rua tinha me ensinado a ser, mas o homem de Deus que a Bíblia me mostrou como ser.

E foi uma dificuldade enorme; ter regras, horário para tudo, aprender a dividir minhas coisas e meus segredos, minhas intimidades com minha esposa, saber que as coisas não eram minhas, mas que agora eram nossas – não era mais o meu dinheiro, agora era o nosso dinheiro; não era meus filhos, mas nossos; não mais minha decisão, mas as nossas. Foi difícil forjar o caráter.

Não dava mais pra resolver os meus problemas com grito e simplesmente dar as costas. Eu tinha que resolver tudo conversando, com paciência, e ir até o final em uma conversa ou em uma situação; aprender a brigar, e não passar mais a noite na rua; saber que no final é a mesma cama, e não uma competição dentro de casa, mas um relacionamento que precisa dar certo. Eu passei a respeitar pessoas que nunca vi, não dar mais golpe em ninguém, ter que mudar o palavreado, porque **DA MINHA BOCA NÃO PODERIA SAIR ÁGUA DOCE E ÁGUA SALGADA — EU TINHA QUE ESCOLHER.**

Eu precisei começar a viver o que eu ensinava, e não ensinava mais o rap, não ensinava mais sobre a periferia – passei a ensinar sobre vida. Aí me peguei nestes questionamentos: "E agora? Como falar de amor sem amar ninguém?". Precisei aprender a amar. "Como falar de paz vivendo guerras?". Precisei aprender a viver em paz.

Poucas pessoas agem como falam ou vivem o que pregam. O que me deixa em paz é saber que poucos vão pro céu – o céu é pra poucos: são os que vivem isso, que não mentem, que não traem, que não dão golpe em ninguém.

O perdão e a ética que Jesus nos ensinou foram a fortaleza que me fez mudar, porque o salário do pecado é a morte, mas o salário de quem vive a Verdade é a vida eterna. Difícil pôr em prática? Com certeza. Mas, quando se sabe de onde veio, a gente dá valor pra onde vai.

COM A PALAVRA: ANA KELLY

NOS CONHECEMOS aproximadamente em agosto de 2003 através de um conhecido em comum. Confesso que fiquei muito curiosa quando ele me contou que conhecia um cantor de rap que era famoso e tal, que iria gostar dele. Eu era jovem e muito curiosa, não tinha medo do desconhecido nem pensava se isso seria perigoso ou traria consequências.

Nos encontramos e saímos algumas vezes. No início, não tínhamos compromisso um com o outro, era só curtição. Ele era bem fechadão, falava pouco da vida dele, dos sentimentos, sonhos, mas gostava de se mostrar, falar que fazia rap.

Poucos meses após estarmos juntos, minha mãe me pressionava muito para acabar com o relacionamento, pois ela sabia que ele era envolvido com coisas ilícitas e que não ia dar certo, que essa história não iria acabar bem. Morávamos ela, eu e mais três irmãos menores, e ela temia que uma hora eu não quisesse mais estar com ele e ele fizesse algum mal a nós. Eu não pensava nisso nem me preocupava, achava que ele gostava muito de mim e jamais me faria mal. Então, para não continuar brigando com minha mãe, aluguei uma casinha de dois cômodos e fui morar com meu filho Gustavo, que na época tinha pouco mais de dois aninhos, acreditando que assim facilitaria o nosso relacionamento. Quem sabe ele viria morar conosco, eu estava superapaixonada. Mas essa oportunidade que parecia ser ótima fez cair a minha ficha e percebi que eu vivia um relacionamento, mas não era correspondida, ou talvez era apenas mais uma que havia passado na vida dele.

Me distanciei dos meus amigos, pois a maioria sempre tentava abrir meus olhos, dizendo que não ia dar certo; outros amigos, o Reco intimidou, ameaçando e dizendo que não queria eles perto de mim. Acabei me tornando prisioneira dos meus sonhos, e eu sempre acreditava e esperava que as coisas iam mudar. Na verdade, porém, nada acontecia e cada dia ficava pior: sempre estava sozinha, porque ele quase nunca aparecia, só falava muito no telefone e sempre com promessas de que estava chegando, que era para eu esperar. Eu vivia do serviço para casa e de casa para o serviço, já não tinha mais alegria nem esperança em melhoras. Na verdade, tinha responsabilidades de um casamento sem ter marido, que só cobrava e impunha o que ele queria, mas o compromisso não tinha.

Em meio a tantas tristezas e incertezas, Deus me achou e me reacendeu a esperança através de um missionário que veio do Rio de Janeiro. Pude conhecer Jesus, o aceitei e entreguei minha vida a Ele; era minha última chance e eu a abracei!

O primeiro versículo que aprendi e que acreditei foi em Salmos 37:5 "Entrega teu caminho ao Senhor, confia nEle, e Ele tudo fará". Acreditei nessa verdade e fui buscar viver aquilo que Deus queria, e hoje posso dizer que vivo o melhor de Deus. As coisas não mudaram da noite para o dia, levou tempo, esforço e fé.

Voltei para a casa da minha mãe, nos separamos por quase dois anos. Deus havia me dado uma promessa e eu acreditei, e percebi que aquele não era o tempo de Deus para nós. Sofri muito, pois por diversas vezes me perguntava: "E se o melhor de Deus não for ficarmos juntos?".

Hoje, temos um casamento abençoado e em harmonia. Faz nove anos que oficializamos nossa união e desde então, escolhemos viver um para o outro, e ambos para a glória de Deus. Temos três filhos, pelos quais oramos muito para quebrar maldições que pudessem vir sobre eles e os orientamos a viver para Deus, ensinando o temor a Ele e os propósitos do Reino.

Sabemos que as escolhas futuras deles não dependem de nós, mas hoje somos seus maiores influenciadores e se queremos que eles sejam servos de Deus, o exemplo deve vir de nós.

Posso dizer que hoje eu vivo aquele salmo que li anos atrás e que o Senhor tem feito tudo o que eu coloco em minhas orações. Na verdade, ainda mais do que pedimos ou imaginamos, pois tenho um milagre vivo ao meu lado, que prova que os planos de Deus para a nossa vida contrariam todas as regras e estimativas do mundo.

Escolhemos viver Jesus e ser feliz, lembrando todos os dias que casamento é para vida toda, mesmo com dificuldades e diferenças. Vamos ficar velhinhos juntos, e temos certeza disso porque deixamos Jesus nos transformar e exercer o reinado dEle em nossa vida.

XEQUE-MATE

EU TINHA ENTREGADO a minha vida a Jesus, a minha mente, os meus conceitos, mas não havia entregado o meu coração. Meu coração pulsava pelo rap, ele era o rap. Eu continuava fazendo show com o Detentos, mas as minhas letras iam contra tudo que eu estava aprendendo, como um verso da música *A ideia é forte*, que diz: "Detentos do Rap tomando um drink com o Cão". Era sempre muito difícil cantar essa parte porque não era mais aquilo que eu vivia. Mas eu continuava cantando, não conseguia abrir mão. Eu era um novo homem, mas não abria mão das velhas letras, de falar as velhas "verdades", que agora eram mentiras pra mim.

Surgiu a proposta de produzir um novo CD com o time completo do Detentos, com Daniel, Rony, DJ Culina e eu. O empresário me chamou e falou que o nome do CD ia ser *Deus do morro* e que a capa seria Jesus Cristo com os braços abertos, com um colete à prova de balas; na contracapa, um coração furado de bala, representando o coração de Cristo baleado. Foi então que o Espírito Santo me chamou a atenção: eu não poderia compactuar com aquilo, eu tinha que abrir mão. Mas eu não aceitei naquele momento. Só que aí Deus veio tratar comigo de um jeito definitivo – **XEQUE**.

Eu sempre falei para o meu professor: "O Detentos pra mim é um trampo", porque era uma das maneiras de eu ganhar dinheiro. E um dia ele me aconselhou: "Reco, você precisa entender que agora você é noiva, uma pessoa que tem vida pra oferecer pros outros. Você precisa renunciar". Eu falava pra ele: "Mas como renunciar? Vou viver do quê?". E ele me dizia: "Deus vai cuidar de você".

Era difícil ouvir isso, eu não aceitava, mesmo me sentindo mal em alguns momentos (porque o Espírito Santo incomoda a gente quando estamos fazendo algo errado). Eu falei para o professor que se me mostrasse, na Bíblia, que eu estava errando em cantar aquelas letras eu pararia, e ele me respondeu: "Reco, se alguém pedisse a sua noiva emprestada para pegá-la às dez horas da noite e fazer o que quisesse com ela, depois desse um banho e a entregasse no outro dia de manhã, você a emprestaria?". Eu retruquei: "Professor, se alguém falasse uma besteira dessas, certamente seria assassinado e esquartejado; cortaria os dois braços, as duas pernas, a cabeça, e espalharia o corpo pela quebrada inteira, porque isso não se fala pra ninguém". Aí o professor disse que eu sou como a noiva: "Você não empresta sua noiva pra ninguém, mas você quer que Cristo te empreste para o mundo, pra você cantar o que quiser e depois voltar, tomar um banho e achar que tá tudo certo" – **XEQUE-MATE**.

Você já deve ter percebido que o Evangelho é feito de amor, mas também de renúncia. Quando a gente começa a viver a Verdade, percebe que tem coisas que não são para nós, e a maior dificuldade é renunciá-las. A rua ainda tava na minha cabeça, havia coisas que eu acreditava estarem no meu DNA, que eu acreditava não ter mais jeito e ser o meu destino, a minha única alternativa; eram a minha vitória. Esse DNA fica impregnado na cabeça das pessoas, como se elas não tivessem escolhas, como se a verdade fosse matar ou morrer por um tênis de marca e uma corrente de ouro.

Mas Deus me deu esse xeque-mate, me fazendo entender que foi Ele quem formou meu DNA, foi Ele quem formou minha estrutura, que a minha identidade é outra, que eu sou criatura dEle e nasci para ter o caráter dEle. E, pra isso, eu tinha algumas coisas para renunciar, para que deixasse de ser um osso seco e tivesse vida de verdade.

Eu glorifico a Deus pela vida do meu professor/pastor Joselito e do meu "paistor" Leonardo Mota, que sempre tiveram uma maneira especial de falar comigo, alcançando meu coração. Eu nunca tinha visto por esse lado: eu, sendo noiva de Cristo, sendo emprestada para o mundo pra cantar coisas que eu não vivia mais, pra pregar o que pra mim já era mentira. Foi assim que eu tive coragem, força, pra chegar no empresário do Detentos e falar: "Mano, pra mim não dá mais". O que eu ouvi foi: "Tá louco, Mano? *Os crente* tá entrando na sua mente e levando seu dinheiro embora!".

Essa foi a minha maior renúncia. Eu amava demais aquilo tudo, aquele grupo que eu vi crescer, pessoas com quem convivi como uma família; aquilo tudo era meu sonho. Foi difícil demais renunciar, mas não podia dar motivo pra ninguém falar que eu estava me escondendo atrás da Bíblia, vivendo os dois lados, fingindo, pois, como eu disse, tanto no crime quanto nas coisas de Deus, é "**SIM, SIM; NÃO, NÃO**".

QUANDO ACEITAMOS JESUS, Ele não pede nosso dinheiro, como alguns pregam. Ele pede o nosso coração, o primeiro lugar em nosso coração. Mesmo quem não conhece a Palavra de Deus, já deve ter ouvido falar sobre os "Dez Mandamentos" (não é a novela). Todos eles se resumem em: "'Ame o Senhor, o seu Deus de todo o seu coração, de toda a sua alma e de todo o seu entendimento'. Este é o primeiro e maior mandamento" (Mt 22:37,38).

Eu tinha aceitado Jesus, renunciado muitas coisas, eu fui transformado e amava o Senhor, mas até então o Detentos do Rap sempre esteve em primeiro lugar na minha vida. Quando renunciei, parecia que Deus queria retomar esse primeiro lugar, que é dEle. Para isso, eu precisava renunciar o que estava ocupando o local.

LIMPANDO A TERRA

EU "CONHECI A SOLIDÃO COM MAIS DE MIL AMIGOS" (verso de uma música).

A maior dificuldade foi viver isso na pele porque, quando eu renunciei ao Detentos do Rap, comecei a perceber que "os amigão" que eu tinha começaram a se afastar, já não tinha mais shows, perdi os patrocínios... E foi na mesma época que eu renunciei às coisas em que eu trabalhava, como lojas (biqueiras) que eu poderia simplesmente arrendar (pôr pessoas pra trabalhar e receber uma porcentagem). Quando citei isso para o meu professor, ele abriu a Bíblia e me mostrou em vários lugares que eu não poderia, de forma alguma, ser conivente com o erro e, principalmente, com erros que poderiam levar pessoas à morte. Foi difícil porque eu não sabia ganhar a vida de outra forma, então ali acabou o dinheiro, pois renunciei às coisas que eu tinha.

Falei pra ele que eu tinha umas armas e que muita gente andava com elas, o que, de certa forma, gerava dinheiro pra mim (eu era investidor). Ele disse que eu não poderia vender nem emprestar pra ninguém ganhar dinheiro com elas, então tive que desmontar, pôr dentro de um saco e enterrá-lo.

Então comecei a viver uma realidade que eu nunca tinha vivido, porque já havia perdido muitas coisas.

Cheguei a comprar padaria, a fazer outros investimentos, mas essa época foi o tempo de renunciar; vendi a "preço de banana" pra minha liberdade. Ou seja, muitas coisas que geravam dinheiro pra mim não geravam mais, e aí foi complicado porque tive que voltar pra casa da minha mãe. Quando eu voltei, ouvi uma frase dela... Uma frase que, de certa forma, machucou, mas foi muito bom ouvir. Falei pra ela: "Mãe, tô voltando pra casa porque não tenho mais pra onde ir, porque eu quero andar certo". Ela olhou pra mim e disse que nunca tinha fechado a porta, fui eu que saí e bati a porta, mas que "mãe é pra essas coisas".

EU VOLTEI PRA MINHA CASA e posso dizer que foi uma experiência nova. Várias vezes tive vontade de voltar para o que eu vivia, mas quando pisava na rua e pensava em voltar, Deus me fortalecia. Encontrava forças nos cultos aos quais eu assistia, na Palavra e nos louvores que eu ouvia, nos incentivos – foi muito importante pra mim ter pessoas ao meu lado que cuidaram de mim, que me disciplinaram, que me ensinaram...

Eu tive algumas oportunidades, entre elas a de escrever a música *É de minha autoria*, com o Alan, do Grupo Dugueto. Eu a cantei com o coral Comunhão Black e ficou lindo; todas as vezes que a gente cantava junto era impactante. O pessoal me ajudava, eu dava meu testemunho nas ministrações, e era muito prazeroso ver os cultos lotados e saber que mais de vinte, trinta almas haviam se entregado a Jesus. Tudo isso marcou a minha vida...

Do coral Comunhão Black saíram pessoas importantes que me ajudaram a continuar no meu chamado, me ensinando, me abraçando, me discipulando... Eu me lembro que, numa reunião, a Egyanessa falou: "Olha, Reco, a gente não quer te abandonar, a gente quer dar continuidade porque sabe que esse ministério é de Deus". Foi a primeira vez que uma pessoa acreditou em mim, ou seja, no meu ministério. Além da Egyanessa, tinha a Janaína, a Edilaine, o Roger Black e a Mara. Me juntei a eles e começamos a fazer um trabalho de evangelismo muito bacana. Além disso, eu sempre os levava aos meus shows para cantar. Alcançamos muitas vidas para o Senhor.

Como era muita gente, exigia uma estrutura maior, ônibus para ir aos locais, por exemplo, entre outras coisas. Então eu saí do coral e algumas pessoas que posteriormente saíram se juntaram a mim, formando uma nova banda: Mano Reco, a jornada.

Então comecei a viajar com essa banda, com a qual saía para pregar o Evangelho nas ruas. Nós também cantávamos algumas músicas antigas minhas, com adaptação das letras (eliminando os palavrões, por exemplo), além da música nova, é claro. Por muito tempo, eu praticamente paguei para cantar nesses lugares, mas foi muito bom porque amadureci com tudo isso. As pessoas que andavam comigo me ensinavam muito e faziam campanhas, nas quais Deus falava demais comigo. E eu sempre acreditei em Suas promessas.

Foi um tempo em que eu soube o que era ter minhas roupas marcadas de listras de tanque e ver o tênis acabando de tanto que eu andava... É como eu disse numa música: "o diabo dá com uma mão e tira com a outra". Fiquei sem nada, pois tudo o que eu tive eu vendi.

O primeiro CD, *A verdade dói, mas liberta*, eu costumo dizer que foi escrito à luz de velas, não porque pode parecer poético dizer isso, mas por necessidade mesmo. Quando eu voltei para a casa dos meus pais, os vi conversando, sentados à mesa, falando que se pagassem uma conta não daria para pagar a outra. Então, eu soube o que era ter a Eletropaulo batendo na porta de casa e cortando a luz. Eu me senti um lixo, pois estava morando lá e não podia fazer nada. Minha vontade era de sair e falar um monte para os caras, voltar a ser quem eu era. Mas renúncia é renúncia, e eu precisava viver isso, pois pude ver o valor de ter um "trampo", e o valor de ganhar o que o povo que eu chamava de "zé-povinho" ganhava.

Foi quando comecei a honrar meu pai e minha mãe. Eu vi o tanto de tempo que perdi na minha vida, ajudando tanta gente, porém sem fazer nada pela minha família. A gente só percebe quando tira a venda dos olhos. Me livrar dessa venda me fez entender, finalmente, que o importante não é ter, é ser; quando você se preocupa em "ser", Deus cuida do "ter", e você dá mais valor a tudo. Foi exatamente como aconteceu comigo. A Verdade, o Evangelho, entrou e arrebentou com tudo: mudou todos os meus conceitos, tudo o que eu achava que era certo. Foi uma dor terrível, mas valeu a pena, vale a pena; fui liberto – "A verdade dói, mas liberta".

EU VI MUITAS PESSOAS me chamando de louco, porque eu tinha tudo: fama, dinheiro, mulher, carros loucos, era reconhecido em todo lugar que eu ia. E o mundo sonha com tudo isso, ser reconhecido, viver bem, ganhar dinheiro com o que gosta de fazer, ter tudo o que quer. Eu tinha isso, mas sentia um vazio enorme. O mais louco é que, quando eu conheci o Evangelho, Jesus saciou minhas vontades e me deixou feliz, mesmo eu não tendo mais nada, aparentemente, e o povo não entendia isso.

Como um cara que era conhecido abria mão de tudo pra viver praticamente no anonimato? Ninguém me conhecia no "mundo gospel", o povo me conhecia da rua, do Detentos, das quebradas, das favelas. Quando saiu meu CD, me lembro que a oração que eu fiz gravando as músicas foi: "Pai, se um dia o Senhor me levar embora, que essas músicas possam alcançar muitas vidas e que o Senhor possa fazê-las sentir o que eu senti quando conheci a Verdade".

Eu me lembro que no estúdio a gente passava o maior "veneno" porque não tinha dinheiro pra nada nem pra comprar lanche; foi difícil.

As meninas da banda mostraram as letras para um produtor amigo delas, da igreja, o Marco Antônio, e ele acreditou no trabalho e aceitou produzir o CD. Ele participou da minha carreira durante muito tempo. Além do Marco, que me ajudou muito, também pude contar com a colaboração do Márcio Cortez, dono do estúdio onde gravei o CD. Ele também acreditou no trabalho e me ajudou muito durante a produção.

Apesar de já ter gravado antes, foi uma experiência completamente nova e difícil, pois tive que aprender praticamente tudo. Quando eu gravei com o Detentos, eu só precisava entrar no estúdio e gravar minhas participações; já estava tudo pronto, no esquema, só pra eu entrar e cantar. Em duas semanas resolvemos tudo. Eu não estava acostumado a lidar com a banda, arranjos etc. E, além da falta de experiência, ainda inventei de fazer um rap diferente do que eu estava acostumado, um rap mais "musical", digamos assim, com mais melodia, com participação do coral etc., o que me deu mais trabalho ainda. Graças a Deus, o Marco Antônio e o Márcio Cortez tinham experiência e tiveram bastante paciência comigo nessa etapa. O estúdio era cerca de seis quilômetros da minha casa, no Capão mesmo, então foi quase um ano indo para lá de busão – coisa que parece boba, mas eu não estava acostumado, o que foi bom para eu aprender –, sem dinheiro pra lanche, pra mais nada, quase não tinha pra condução. Mas valeu a pena, saiu o CD *A verdade dói, mas liberta*.

MESMO DEPOIS de ter conseguido gravar o CD, a luta ainda continuou. Foram quase três anos depois da gravação do álbum até as coisas começarem a andar de verdade. Nessa época eu já estava casado e passamos tanta dificuldade, que ficamos todo esse período dependendo de cesta básica da igreja. Eles arrecadavam alimento todo domingo de santa ceia, no culto da manhã, e, à noite, chamavam as famílias necessitadas para a distribuição das cestas básicas e para orar pelas famílias. Aquilo pra mim era uma humilhação; eu não entendia o que Deus estava fazendo, mas não sabia como resolver de um jeito diferente.

Eu lembro que, quando casamos, Kelly e eu fomos morar numa casa de dois cômodos. Quando a Manu nasceu, eu fiquei ainda mais preocupado, porque não tínhamos nada. No desespero, eu falava pra Kelly: "Você sabe muito bem que em cinco minutos lá fora eu consigo desenrolar uma grana e a gente sai dessa situação". E ela me respondia: "Não, fio, Deus falou que ia abençoar, então espera". Infelizmente eu tive que aprender o que é passar necessidade, o que é ter um filho apontando pra pia e pedindo uma bolacha, o que é não ter dinheiro nem pra comprar fralda pra filha (no caso, a Manu). Sei o que é ter filho na igreja feliz da vida, mas com roupa doada dos outros, ver a filha dançar lá na frente e a botinha escapar do pé dela, porque a botinha não era dela, era de uma criança maior... Eu sei o que é passar dificuldade, mas uma coisa que eu não sei é ficar longe da presença de Deus. A Kelly tinha um vestido rosa, que servia pra tudo. Minhas roupas de patrocínio já tinham acabado, meus tênis mostravam o dedão do pé, e eu continuava sendo o tal de Mano Reco.

Era estranho porque eu ainda era famoso pelo Detentos, então as pessoas esperavam um cara cheio de roupas de marca, correntes, com um carro muito louco etc., mas quando olhavam pra mim viam outra coisa, porque já não restava nada do que eu tinha antes. O carro que eu consegui ter, na troca de uma moto que eu tinha, foi um Fusca 1972.

Tinha gente na igreja que falava pra mim: "Sabia que você ia vir à igreja...". E eu perguntava: "Por quê? Deus te falou?". Aí a pessoa: "Não. É que, quando você ligou seu carro lá na porta da sua casa, eu ouvi daqui da igreja". E era uma distância de quase catorze quilômetros; era piada. Outros me abraçavam e falavam: "Nossa, onde você comprou esse perfume? No posto BR?". Se você quiser mexer com um homem, mexa com o ego dele. Eu sei que era brincadeira, mas se as pessoas soubessem o que eu já tinha visto e vivido, nunca brincariam assim comigo. A primeira coisa que quebrou nesse carro foi o escapamento, só pra entrar cheirão de gasolina mesmo.

E o Inimigo usa essas situações para atacar e te fazer cair. Meus parceiros que andavam comigo na época que eu era "brabo" me encontravam e falavam: "E aê, Reco? Você nunca foi parasita, tio, pega um dinheiro aqui e paga do jeito que você puder. O que tá acontecendo com você?". Ao que eu sempre respondia: "Calma, tio. Tô na igreja agora, e agora é de outro jeito". Eles não entendiam, sempre questionavam: "Mano, você foi pra igreja e ficou pior do que você tava [financeiramente]". Era difícil lidar com isso, sabe? Sempre que os caras do rap trombavam comigo, eles me tiravam, e, às vezes, até algumas pessoas que andavam com eles se sentiam no direito de me tirar por eu estar naquela situação.

Quando aconteciam essas fitas, eu chegava a questionar o meu Deus, mas sempre permaneci fiel. Falavam: "Quando ficar duro, você volta". Eu fiquei duro, passei dificuldade, mas nunca voltei, nunca abandonei o Evangelho, ainda que tenha sido muito difícil.

O TEMPO FOI PASSANDO e, aos poucos, as coisas foram acontecendo. Minha música começou a ser tocada de novo e eu, de certa forma, passei a ser um rapper diferente. As pessoas me chamavam pra cantar, mas o que tinha de forte era o que eu aprendi, a palavra de Deus na minha vida. Então, em toda igreja que a gente ia, as pessoas pediam para eu voltar mais vezes, não porque eu cantasse muito, mas porque no meio do meu testemunho eu sempre ministrava uma Palavra.

Mesmo passando veneno, eu continuei estudando Teologia. Deus sempre proveu e colou pessoas na minha vida (pelas quais eu sou muito grato), que me ajudaram muito com as parcelas da faculdade. Conforme eu ia vendo Deus me usar para alcançar as pessoas, fui tomando gosto pela coisa; depois, quando as coisas foram melhorando, fiz até um curso de Oratória para ajudar nas palestras. Aos finais de semana eu ia a eventos pra dar meu testemunho e, agora, congregando naquela igreja, onde eu tinha todo o apoio do pastor, também participava de várias ações de Evangelismo na rua.

A igreja me deu muito suporte, o pastor Leonardo (meu "paistor") fechava a porta da sala dele e ministrava muito sobre a minha vida, me ensinava que eu não podia ser o que eu era, não podia ser tão "brabo", tão ignorante com as pessoas, que eu tinha que mudar. Glorifico a Deus pela vida dele porque pouquíssimas pessoas teriam coragem de falar o que ele falou pra mim. Ele cutucava as minhas feridas, mexia na minha cabeça, sem medo. Mas também nunca vou esquecer o dia em que ele olhou pra mim e disse: "Mano, você é bênção. Quando você prega, as pessoas se convertem; quando você canta, a gente sente a presença de Deus. Mas você precisa mudar muito ainda. Eu não tô preocupado com o Mano Reco artista, eu tô preocupado com o Mano Reco pai de família. E o que eu quero dizer pra você, Mano Reco pai de família, é que aposto meu ministério na sua vida porque eu sei que vai dar certo".

Quando ele me disse isso, eu respirei fundo e pensei: *Mano, não tem como eu voltar*. Estava falando com um homem que já tinha muitos anos de Evangelho, que fundou uma igreja que já tem vinte e cinco anos de história. Ele olhou pra mim quando ninguém mais acreditava. Eu ainda tinha meus trejeitos de malandro, era difícil de lidar comigo, tinha a boca suja. Ele foi instrumento na mão de Deus para moldar meu caráter, ele me batia com a palavra de Deus, mas porque ele conseguia ver em mim o que nem eu conseguia ver: um homem de Deus.

Ele me disse que eu precisava mudar, precisava focar na minha vida, ser mais profissional, que eu precisava montar um escritório etc. Então me perguntou o que eu sabia fazer, ao que eu respondi: "Pastor, eu sei tirar uns caras de uma situação de roubo, sei mexer com droga, refinar cocaína etc.". Ele olhou pra mim e falou: "E a música?". Eu falei que não acreditava mais nela porque o que eu cantava não dava certo, que eu batalhei pra fazer o CD e tava parado.

Durante o tempo em que eu estive na pior, sem conseguir dormir de tanta preocupação, ele me falava que eu precisava colher tudo o que eu tinha plantado. Muitas pessoas não veem a hora de chegar o tempo de colheita, mas se esquecem de prestar atenção ao que estão plantando, porque é isso que vai colher lá na frente. Eu fui um cara que só plantou maldição a vida toda, então precisava colher e limpar todo o terreno, adubá-lo, para conseguir que as novas e boas sementes dessem frutos mais tarde. Não pela situação financeira em si, mas pelas noites sem dormir. E ainda assim, Deus, em Sua infinita misericórdia, não deixou minha família passar fome e me livrou de muita coisa. Dessa vez foi diferente: "Mano, você precisa se profissionalizar, porque vai prosperar tudo em que você puser as mãos. Agora você vai fazer pra Deus, mas tem que ser com sinceridade".

Ele tinha um escritório na escola da igreja, onde atendia as pessoas, então pediu para que eu comprasse uma mesa azul, uma cadeira, um computador e mandou pôr uns bagulhos de internet. Colocou minha mesa em frente à dele e mandou fazer uns cartões pra mim. Quando me ensinou a atender ao telefone, avisou: "As pessoas que ligarem para você para fechar evento eu mesmo vou atender". Esse é o meu "paistor", foi ele quem fechou os primeiros eventos, e as coisas começaram a dar certo. Ele é um herói pra mim, meu segundo pai. Ele tirou meus carrapichos, me ensinou a falar como gente, me ensinou a ser um bom pai, um bom filho e um bom cristão.

Ele não media as palavras comigo, e isso fez toda a diferença. Deus o usou para me educar, já que eu não aceitei a educação do meu pai quando era mais novo. Por várias vezes, o pastor me chamou e me disciplinou, falando que eu estava errado quando todo mundo me apoiava no meu erro; confrontou o meu caráter e aí eu passei a sonhar em ser, pelo menos, metade do que ele é. E sempre é uma grande felicidade perceber que hoje tenho um pouquinho dele em mim, meu "paistor".

Além de tudo o que eu já falei, o pastor Leonardo pausou a obra da igreja e me proporcionou um Home Studio, com o qual eu pude montar coletâneas, gravar minhas músicas, fazer umas misturas de ritmos etc., e, conforme o trabalho foi aumentando, montou um escritório pra mim. Depois abrimos uma produtora e gravadora para que eu pudesse fazer os CDs de forma independente. A produtora e gravadora tinha o mesmo nome da escola da igreja: Mispa, escola onde aprendi muita coisa, e que fez parte do meu crescimento espiritual e do meu ministério.

Com muita dedicação não só no trabalho e no estudo, mas à Palavra de Deus, a minha vida foi tomando o rumo que Deus sempre quis pra ela. A agenda de eventos passou a encher, e eu comecei a ficar conhecido não só pelo Detentos, mas pelo ministério que Deus colocou em minhas mãos, pelo meu testemunho, pelas letras com palavras de Vida etc.

Os eventos, as palestras eram cada vez maiores, graças a Deus, e eu comecei a ter retorno financeiro com isso. Parece inexplicável, porque nunca cobrei cachê, mas as coisas de Deus são inexplicáveis mesmo. Eu só pedia transporte para chegar ao local e, se pudessem, uma oferta para o ministério (para mim e para os músicos). Eu só sei que Deus começou a prover e abençoar a nossa vida, nós crescemos, e a agenda, que só tinha um sábado ou outro preenchido, já vai completar oitos anos, tem quase todos os finais de semana preenchidos. Quando eu fico um fim de semana em casa, é porque já devo ter pregado em três ou quatro igrejas durante a semana, além de às vezes abrir mão de agenda pra estar na minha igreja congregando, pois nós precisamos estar sempre sendo alimentados e ministrados. A luta entre o espírito e a carne continua sempre, porque somos humanos e falhos, e só seremos perfeitos quando chegarmos diante de Deus, em Sua glória eterna. Até hoje eu continuo sendo ministrado pelo "paistor" Leonardo, e sempre com a mesma sabedoria.

Com o tempo, além de ter crescido o número de eventos, Deus levantou alguns irmãos como mantenedores do ministério, e conforme eu fui crescendo no "mundo gospel", além de produzir os meus CDs, tive a oportunidade de lançar nomes como o Mano Sassá e o Mensageiros da Profecia.

Outra coisa que eu tive que aprender nesse processo foi cortar o cordão umbilical, pois fiquei muito tempo com a minha família, morando na casa dos meus pais. O pastor me aconselhava e eu falava: "Pastor, às vezes não tenho dinheiro nem pra comprar fralda pra Manu e você tá me falando pra pagar aluguel?". E ele respondia: "O dia que você sair de lá, Deus vai abrir ainda mais as portas pra você". Eu fechei os olhos e fui, e, de fato, Deus abriu as portas, porque eu precisava ser o provedor da minha casa. Eu falava que aluguel era jogar dinheiro fora, mas aprendi que dar um teto pra minha família nunca será dinheiro jogado fora, e que a grande realidade é que nós estamos aqui de passagem; logo a gente sai fora deste mundo velho e vai embora pro céu, de onde a gente nunca deveria ter saído (mas o Adão deu mancada...). Isso é conversa para outro momento, outro livro talvez.

SÓ MAIS UM QUE DEU CERTO

SE DEU CERTO PRIMEIRO PRA MIM, pode dar certo pra qualquer pessoa. Por muito tempo eu subi no altar e falei: "Não olha pra mim não, porque eu não tenho orgulho de quem sou". Mas depois de um tempo o Evangelho entrou realmente na minha vida. Fiquei muito feliz em poder um dia subir no altar e falar: "Olha pra mim, cara, porque o Evangelho deu certo na minha vida". Hoje as pessoas olham pra mim e falam: "Poxa, Mano, seu testemunho me ajudou muito, as suas músicas alcançaram minha família".

Hoje eu olho pra trás e vejo que tudo pelo que passei serviu pra um aprendizado. Glorifico a Deus por ter me dado força e a chance de eu escolher hoje o que eu vivo – hoje eu vivo o Evangelho. Os profetas trouxeram boas notícias: Jesus. Jesus é o Evangelho, o qual, segundo o que Paulo fala, é o poder de Deus, que serve pra transformação. E então eu vivi esse poder, fui transformado. Deus mudou a minha vida por meio de uma escolha que fiz.

Por causa dessa escolha, milhares de pessoas foram alcançadas. Não estou exagerando quando digo milhares: por muitos anos, contamos as pessoas que estiveram nos eventos que fizemos nas ruas, nas quebradas, em favelas. Depois da minha conversão, eu não passei nem três fins de semana seguidos sem fazer eventos, porque todos os eventos e as agendas foram preparados por Deus. Eu sempre digo que é um desperdício ficar em casa, sem fazer a obra.

Eu não ia mais a algum lugar para fazer simplesmente um show. Não mais. Depois que aceitei o Evangelho em minha vida, não consigo mais cantar e não pregar.

Depois do Evangelho e da minha transformação pude entender que não é palco, é altar.

Não é cantar música gospel, é viver o Evangelho. E temos mudado muitas vidas, alcançado muitas pessoas. Algumas não entendem algumas frases que eu falo, por exemplo: "Olha, o sangue bate nas canelas e eu tô com Deus e não abro" – frase de uma música em que eu fiz participação, com o Mano Sassá e o Eliel Santana. É uma frase do Eliel que eu vivo repetindo. Tem outra frase que muita gente não entende (agora vai entender por conhecer minha história): "Pode soprar, lobo mau, porque uma casa edificada na rocha não tem como cair". Sei muito bem que quem está de pé tem que cuidar pra não cair; vivo isso todos os dias. Não tem como abandonar algo que mudou sua vida, e o Evangelho mudou a minha. Não tem como abandonar o Evangelho.

São mais de dez anos viajando, passando por cidades. Como eu disse, já conheci bem a solidão, mesmo tendo muitos amigos. Mas também já conheci muitas pessoas, muitas famílias; e, mesmo sem eu querer, fiz parte delas.

Melhor, faço parte dessas famílias, Mota (Marquinhos) e Dany, família com a qual enfrentei as fases financeiras difíceis. Hoje, vivem bem a fase boa, sem perder a humildade!

Já passei por muitos lugares onde fiz parte de histórias de vida. Faço parte de várias histórias de conversão. Muitas pessoas que chegaram até o tal de Mano Reco, achando que iriam encontrar simplesmente um menino do rap, mas encontraram verdadeiramente uma pessoa transformada, um homem de Deus. Por meio de conversas, explicações do conhecimento que o Pai me deu da Bíblia, essas pessoas mudaram de vida.

Costumam dizer que eu sou um ímã, e eu glorifico a Deus por ser esse ímã. Exemplifico: Gustavo. Ele andou comigo um ano foragido, e depois foi preso na porta da igreja. A polícia pegou o Gustavo na porta da igreja onde ele congrega. O conhecimento que eu pude passar pra ele durante o tempo em que ele andou comigo fez dele um servo de Deus. É um testemunho lindo. Uma das coisas que marcam a história do Gustavo é que ele deu a palavra: depois que ele aprendeu a lição, se a polícia o parasse, ele se entregaria. Só não se entregou na época porque tinha um filho pequeno e era difícil pra ele; mas hoje é homem de Deus. Chegou a ficar preso e voltou pra rua. Continua servo do Senhor por ter conhecido a verdade que liberta. Glorifico a Deus por poder falar que eu sou um pai na fé de pessoas iguais ao Gustavo.

Outro bom testemunho é o do Pité, que era o *backing vocal* do Detentos do Rap. Foi pelo irmão dele que Deus mudou a minha vida. O Pité foi um cara que eu arrastei pro mundo, mas depois que me converti, como muitos, eu o arrastei pra igreja. Hoje é pai de família, casado, e congrega.

Muita gente passou pela minha vida, até pessoas que nem conheço e que por causa do CD *A verdade dói, mas liberta* falam comigo pelas redes sociais. Dizem que o poder de uma canção feita com a palavra de Deus é capaz de transformar uma história. Realmente, milhares de pessoas foram alcançadas pelo trabalho que eu fiz pelo país inteiro, e tem sido gratificante demais essa jornada.

Nessa minha caminhada duas pessoas me apoiaram: o Thapo, que me ajudou muito na escolha da minha vida, um cara que sabe toda minha história, e também o meu líder de evangelismo, Valdeyr. Faz mais de doze anos que ele e a família dele me ajudam.

São amizades e histórias como essas que me fizeram entender que às vezes perder é ganhar. Aprendi também que inimigo é quem age nas pessoas, e não diretamente em alguém.

A mudança pela qual passei fez bem primeiramente pra mim. Posso dizer que valeu a pena. Deus sabe quem eu sou, do que sou capaz. Isso me deixa forte.

Finalizo dizendo:

"PODE SOPRAR, LOBO MAU, PORQUE UMA CASA EDIFICADA NA ROCHA NÃO TEM COMO CAIR."

NÃO É PALCO, É ALTAR

Pode falar diz que o Reco quem falou.
Que aquilo que eles cantam pra mim não é louvor.
Que por amor, não vem cantar aquilo que não vive.
Quer subir no altar, ministrar, mas não se define.

O evangelho não é estilo musical,
E aqui você só engana os que não são espirituais.
Como falar de amor se você não ama?
Como falar de ser liberto se esta preso a fama?

Se quer cantar né? Meter o groove louco,
Mas se tiver que abrir a Bíblia, tá no sufoco.
Não é julgar, é como Paulo exortou,
Nem é mentira pois foi Deus quem revelou.

E teu pastor onde é que você congrega?
É ovelha de qual pasto? Ou é dos lobos das festas?
Quem é pior, você sem santidade,
Ou o pastor, que te deu a oportunidade?

São várias festas, vários mover.
Mais muitos se esquecem o que Jesus mandou fazer
O importante é o som de qualidade!
Responde aí, é ou não é verdade?

Pode falar diz que o Reco que falou
Que aquilo que eles cantam pra mim não é louvor
Aí, Senhor, eu escrevo é pra te adorar,
Pois me ensinou que não é palco, é altar!

Não é palco, é altar, não é os panos e vestes brancas,
E em todo tempo com o óleo da esperança.
Não só pra Rapper mas também pra pastor,
É pra obreiro e pra os líderes de louvor.

Não somos nada irmãos, quem nos usa é Deus,
Então por que se sente como se o púlpito fosse teu?
Tem muitas vezes que é melhor ficar calado,
Pois tem gente usando o altar, pra mandar recado.

Falar em línguas mas não as dos anjos,
Em facção é o diabo te usando.
Por isso chega em casa é só intriga,
Quer ganhar os teus mais só age na mentira.

Deus é fiel mais é nos dois extremo,
Onde se tiver meu irmão, Ele tá te vendo.
Muitos me falam como era antigamente
Era só entrar no bar pegar fiado e dizer; sou crente!

Podia pegar tudo que quiser
E só por ser crente pagar quando tiver!
Mas hoje em dia isso é ao contrário,
É só dizer sou crente… xiiii é enrolado.

Eu não culpo o ímpio eu culpo os maus exemplos,
Porque até político usa o altar, eu só lamento.
Senhor eu escrevo pra te adorar,
Pois me ensinou não é palco, é altar!

Pode falar diz que o Reco que falou,
Que aquilo que eles vivem pra mim não é o amor.
Se pode pá irmão que aqui não amarela,
Que servo é esse que levanta as mãos e mostra a cueca?

Que adorador, você é um lascivo,
E segundo a Bíblia você corre é com o inimigo.
Não é julgar, é como o apóstolo exortou,
Nem é mentira, pois foi Deus quem revelou.

Nos somos livres, mas nem tudo nos convém,
E nem é pra tudo que os crentes dizem AMÉM!
Você quer ser membro? Venha como está!
Mas pra cumprir o ide; não é palco, é altar!

É morrer pra viver, é perder pra ganhar,
É descer pra subir, é não ser pra estar.
É chorar pra outro rir, é apanhar e amar,
É nem sempre vencer mas estar de pé pra lutar!

Na tradução, é ser ministro,
Mas no original, não é ter isso como um apelido.
É ter limites e levar a sério,
Não é cantar gospel, mas é viver o evangelho.

Não é um jogo, irmão. Você está em uma guerra,
E se vacilar o inimigo te esquarteja.
E aos pedaços, não adianta chorar.
E só então lembrar que não era palco, era altar!

GLOSSÁRIO

Arrastar a cadelinha – andar de cabeça baixa, com medo.

Banca – família, grupo de pessoas que fazem parte de um determinado movimento.

Biqueira – lugar onde se vendem drogas.

Bodin dos pulícia – celular que uma hora o dono pagaria por ser clonado.

Boia – marmitex, comida.

Bonde – viatura, transporte de preso.

Bote – suborno que policial pede para manter os bandidos soltos.

Bowl – pista de skate e bicicleta.

Cabeça a milhão – preocupado.

Cabeça de bagre – reús primários, pessoas que estão presas pela primeira vez.

Caguetar – denunciar como culpado; acusar, delatar.

Castelar – pensar, imaginar como seria.

Cavalo louco – fuga coletiva da prisão.

Chiqueirinho da viatura – parte de trás de viatura policial.

Condutax – cadastro pessoal e intransferível que habilita o cidadão (pessoa física) a exercer a atividade de taxista.

Corre – modo de ganhar dinheiro para sobreviver.

Corró – tipo de cela em delegacias, onde a pessoa permanece temporariamente detida; também é utilizado para camburão.

Estirante – cabresto da pipa.

Fitas – coisas.

Funça – funcionários de penitenciária.

Jumbo/Sedex – nome designado ao kit de mantimentos – produtos de higiene, limpeza, alimentação e vestuário – que os detentos recebem de seus familiares.

Manda busca – usa para chamar alguém para competir quando está com a pipa no alto.

Mano – amigo, camarada, colega.

Matraca – arma de fogo.

Mina – mulher jovem ou adolescente; garota, menina.

Moscar – bobear.

Nave – o melhor carro.

Oitão – revólver calibre 38.

Os home / Pulícia – policiais.

Pé de pato – justiceiro, vingador, matador de bandido.

Pioiagem – falar com duplo sentido, com outros significados nas entrelinhas.

Puxar o carrinho da pistola – engatilhar a pistola.

Quebrada – bairro, região.

Rolê – realizar um pequeno passeio; dar uma volta.

Scratching – técnica utilizada por DJs: ao se mover um disco de vinil para trás e para frente na pickup, são produzidos sons rítmicos específicos e efeitos sonoros.

Underground – ambiente cultural que foge dos padrões comerciais, dos modismos e que está fora da mídia.

Usar o boi – utilizar o vaso sanitário.

Virada – quando um DJ faz uma mixagem de duas músicas, na troca de uma música para outra.

Zé-povinho – pessoas que dependem de um salário pra viver.

Zica – ser "zica": impor moral, respeito, pelo medo.

CONTATOS E PROJETOS DO AUTOR

Ministério Resgatando Valores: Projeto de treinamento para evangelistas em casas e igrejas. Além desse treinamento, este projeto também envia pessoas a fazer a obra de Deus em Fundações Casa, escolas, presídios etc.

Santo Clã: Uma banca de rappers cristãos que se unem para buscar serem melhores, com apoio mútuo na caminhada musical e, principalmente, espiritual.

Us crent's: Marca de roupa.

Kelly Vertelo (Assessoria e Eventos)
Nextel: (11) 94790-3982
WhatsApp: (11) 96614-6908

FONTE: Sylfaen
IMPRESSÃO: Sermograf

#Ágape nas redes sociais